仕事が速い人が無意識にしている工夫

先頭集団についていくための63の基本

中谷彰宏
AKIHIRO NAKATANI

すばる舎リンケージ

プレゼンテーションを
楽しめる人が、
ストレスがなくなって
スピードが速くなる。
中谷彰宏

この本は、３人のために書きました。

1—仕事が多すぎて、自分の時間が取れなくなっている人。

2—急な仕事の変更に、ストレスを感じている人。

3—上司に振り回されて、時間を奪われている人。

はじめに

正しい人より、速い人に、人は集まる。

仕事は、**「正しく速く」**と求められることがあります。
これは「正しく」と「速く」の2つの要素があります。
「正しく」のほうには矛盾があります。
正しさはその時点ではわかりません。
「あれが正しかった」というのは、後でわかることです。
実際は、速い方と遅い方しかないのです。

01

人間には、

①正しい人

②速い人

の2通りがいます。

遅くて正しい人の企画は、すぐによそへ持っていかれます。

たとえば、著者が編集者に企画を出しました。

Aさんが「えっと、どうですかね……」と言っているうちに、Bさんが「うち、それでやらせてください」と、その企画で出版してしまいました。

その本が売れるかどうかという正しさは、その時にはわかりません。

一方で、速さはその場ですぐわかります。

正しさと速さを比べたら、速い方が選ばれます。

さらに、速い方は修正の時間を持つことができます。

結局、速い方が正しいのです。

「遅くて正しい」は、ありえません。

人生においては、速くて正しい方と、遅くて正しくない方という選択肢しかないのです。

◉仕事が速くなるために

01

正しさより速さを優先しよう。

仕事が速くなる63の方法

1 正しさより速さを優先しよう。
2 余った時間で、未来への種をまこう。
3 能力の差を、言いわけにしない。
4 同じことを、昨日より速くしよう。
5 マウンティングしない。
6 余裕が大切だから、速くしよう。
7 頼まれたことを、すぐメモしよう。
8 しがみつかない。
9 名刺を速く出す練習をしよう。
10 リラックスして、肺活量をつけよう。
11 鼻呼吸しよう。
12 スタートダッシュしよう。
13 作業の順番を変えてみよう。

27 日にちではなく、時間で答えよう。
28 即、返事しよう。
29 遠慮しない。
30 紹介された本は、その場で買おう。
31 座らないで、しよう。
32 収入を上げる前に、スピードを上げよう。
33 お土産を渡すより、質問をしよう。
34 当たり前の速さを、速くしよう。
35 本当に速いものを見よう。
36 自分と相手の命を大切にしよう。
37 1日のスタートは、前の晩にしよう。
38 目につく位置に、時計を置こう。
39 早く寝よう。

中谷彰宏
『仕事が速い人が無意識にしている工夫』

40 早く、帰ろう。
41 一流から、習おう。
42 他者承認の時間を、勉強にまわそう。
43 意識的にしよう。
44 ほめられることを、求めない。
45 相手のレベルに、合わせよう。
46 忙しい中で、好きなものに、出会おう。
47 時間のケチになろう。
48 文章で話そう。
49 「今朝見つけて来ました」と言おう。
50 時間を奪う習慣を、なくそう。
51 グズグズ言う前に、やろう。
52 仕事を速くしよう。

仕事が速い人が無意識にしている工夫　もくじ

第1章 仕事が速いとはどういうことか。

第2章 そもそものやり方を変えよう。

第3章

先頭集団についていこう。

第4章 寸暇を惜しんで学ぼう。

第5章 速い人に時間は集まる。

ブックデザイン　大場君人

第1章

仕事が速いとはどういうことか。

02

給料を2倍にしたかったら、2倍速くする。

今までは、給料を2倍にするために、2倍長く働いていました。
働き方改革の時代は、2倍長く働いている人は会社のお荷物になって、リストラに遭うのです。

大切なのは、2倍速く仕事をして、余った時間で付加価値のあるものをつくることです。

付加価値とは、ほかの人がマネできないことです。

ここにしかない、オンリーワンのものをつくるのです。
「生産性」と「付加価値」が混合して語られています。
生産性と付加価値は別の議論です。
生産性を上げるということは、10時間かかる仕事を5時間でするとか、10人でする仕事を５人ですることです。

これは、あくまで手段です。

仕事にムダな時間をかけていると、オンリーワンの付加価値をつける時間は生まれません。

まずは、今、自分がしている仕事を2倍速くします。

そして、あいた時間で未来への種をまきます。

未来への種をまくのは、宝くじを買うのと同じです。

宝くじを毎日買っている人は、常にワクワクしています。

未来への不安はありません。

今日の仕事に追われていると、宝くじを買うヒマがないのです。

日々の仕事に追われていると、不安が生まれます。

不安を解消する方法は、唯一、未来への種をまくことです。

不安とは漠然としたものです。

説明はできません。

「私はこれからどうなるんだろう」という漠然とした不安は、「このままリストラに遭ったらどうしよう」「老後のお金をどうしよう」「急に病気になったらどうしよう」といったことで、最終的にはお金の不安につながるのです。

◉仕事が速くなるために

02

余った時間で、未来への種をまこう。

03 能力の差は、スピードで逆転できる。

「あの人は能力があるから」「あの人は才能があるから」「あの人は運がいいから」と、文句を言う人がいます。

それを逆転できるたったひとつの方法はスピードです。

私が週刊誌のライターになった時に求められたことは、

①なんでも書ける

②速い

の2つでした。

ここに「文章がうまい」は入っていません。

依頼される原稿は、翌朝7時までという締切もあります。

文章がどんなにうまくても、その期限までに大日本印刷に間に合わなければ使えません。

得意分野が決まっている人にも頼めません。

週刊誌はオールジャンルだからです。

どんなジャンルでもデータ原稿を渡せば、アンカー原稿として書ける人だけが仕事を頼まれます。

文章がうまい・ヘタはまったく関係ありません。

最低限の文章が書ければOKです。

どんなにうまくても、間に合わないものは役に立たないのです。

これはすべての仕事で大切なことです。

もっと上のレベルは、うまい・ヘタの差は関係ありません。

みんなうまいので、もはや差がつかないのです。

広告会社でコピーライターを目指す人はそもそも文章を書くのが好きなので、新入社員はひねったコピーを書きます。

やがて、「このフラットなコピーうまいな」「ひねりがないけど、飽きないよね」と、わかってくるのが一人前になった証拠です。

ひねったものは、すぐに飽きます。

広告のコピーに求められるのは、瞬間風速の大きさではなく、どんなところに行っても、何年たっても使えるものです。

新入社員は、それを速いスピードで覚える必要があります。

スピードが出ることによって、量もこなせるようになります。

時間をかけてうまいコピーを書く人より、速く書ける人の方が「こいつに頼もう」「おまえ、ちょっと手伝ってくれ」と、チームに呼ばれるようになります。

量をこなしていくことで、だんだんうまくなるという結果が生まれるので、まずは速さが必要です。

最初からクオリティーは求められません。

◉仕事が速くなるために

03

能力の差を、言いわけにしない。

映画『カメラを止めるな！』は、なかなか食べていけない映画監督が主人公です。

プロデューサーに紹介された主人公は、「速い、安い、質はそこそこ」というキャッチフレーズを言います。

この言い方にプロフェッショナルさを感じます。

技術はそこそこでいいのです。

使う側からすると、「速い」「安い」が一番安心できるのです。

04

工夫とは、速くすることだ。

仕事をすることは、工夫をすることです。

工夫とは、具体的には速くすることです。

新入社員であれば、コピー1枚とるにも、速くする方法があります。

どちら向きにすればいいとか、最終ページからとった方が後で並べかえなくてすむとか、もろもろ考えることができます。

最終的には、きれいなコピーのとり方、わかりやすいコピーのとり方など、いろんなことに気づくキッカケが生まれるのです。

工夫の仕方が見つからない時は、とにかく速くすることを考えます。

昨日と同じスピードだったら、工夫はゼロです。

●仕事が速くなるために

04

同じことを、昨日より速くしよう。

会社の仕事は、そんなに変わりばえのするものではありません。

昨日も、一昨日も、3年前も同じ仕事をしています。

ベテランも新入社員と同じ仕事をしているのです。

そこにどう工夫を加えるかです。

そこに評価が入り、自分のモチベーションも生まれます。

結果、工夫する人は速くなり、速い人はますます工夫するという正のスパイラルに入るのです。

05

過去を見ている者は遅くなり、未来を見ている者は速くなる。

スピード感は、その人の目線で分かれます。

「今までの上司からはこう教わりました」とか「これまでこうしていました」と言う人は過去を見ています。

仕事が速い人は、「未来はこうなりたいから、そのために今はこうしよう」という発想をしています。

過去と未来を同時に見ることはできません。

どちらを見るかは自分自身が決めることです。

他者を評価する時に過去を見ている人には、ある特徴があります。

「○○さんは今までこうだったけど、変わったよね」と言うのです。

「今までこうだった」というのは、要らない話です。

それは上から目線で、マウンティングです。

「よくできたね。この調子でいくと、もっとよくなるぞ」と言う人は、今と未来を見ています。

過去と今を比較して「よくなった」と言う人は、相手が自分より下だと言おうとしています。

こういう人は伸びません。

これが追い越されていくタイプです。

プライドが高いのです。

失敗したくないので、トライしません。

受験時代に頑張ってそこそこいい位置にいた人は、社会に出ると軽々と追い越されます。

一番よかった時で、足が止まっているからです。

成長のスピードは、日々の仕事に対する足の運びの回転数の違いでしかないのです。

●仕事が速くなるために

05

マウンティングしない。

大切なのは、常に前を見ていることなのです。

06

余裕は、スピードから生まれる。

「私は余裕派なので、ゆっくりやりたいんです」と言う人がいます。
それは矛盾しています。
スピードを上げる理由は、スピードを上げることで余裕を持ちたいからです。
スピードを上げるから、余裕の時間が生まれるのです。
ゆっくりしていると余裕はなくなります。
たとえば、料理が出てくるのが遅いレストランがありました。
ウエイターの人は「どうぞゆっくりしてください」と言っています。
お客様は食事の後に映画を見に行こうと思って、時間を逆算してここに来ています。
このペースで料理が来ていたら、間に合わなくなります。

◉仕事が速くなるために

06

余裕が大切だから、速くしよう。

キャンセルした方がいいのかどうか、ハラハラします。
料理をゆっくり出すのは、お店が勝手に余裕を持っているだけです。
お店が余裕を持ってはいけないのです。
「このテンポで来てくれたら、十分に間に合う」というのが余裕です。
余裕は遅くすることではないのです。
仕事を頼む時は、テンポよく進めてくれる人が一番安心です。
信頼を勝ちとることで、結果、その人はチャンスに恵まれるのです。

07
メモまでの時間が速い人が、行動も速い。

仕事が速い人と遅い人は、仕事を頼んだ時にメモするスピードで分かれます。

ペンを出すスピード、メモ帳を出すスピード、書くスピードの速さで、その後のスピードが決まるのです。

記憶力に自信がある人は、メモをしないで頭で覚えようとします。

「ハイ、わかりました」と言いますが、依頼している側は「本当にわかっているのかな」と、心配になります。

お客様の安心はメモをとってもらうことにあります。

これで「キャッチされた」とわかるのです。

メモをとっていないと、「さっきのあれ、大丈夫かな」と、相手にずっとストレスを与え続けることになります。
「仕事が速い」イコール「相手のストレスを減らす」ということです。
メモをとらない人は、覚える能力のある人です。
たとえ覚えることができても、メモをとった方がいいのです。
メモをとる人は間違えません。
万が一、間違えたとしても、相手はイラっとしません。
メモをとらないで間違えたらイラっとします。
チャンスをもらえる人は、メモをとる習慣のある人です。
メモをとるスピードを上げることで、仕事も速くなるのです。

◉仕事が速くなるために

07

頼まれたことを、すぐメモしよう。

08

ボッ企画にしがみつかないことで、速くなる。

遅くなる原因は、何かにしがみついていることです。

「自分が出したアイデアは絶対にいいのに、何でダメなのか」としがみついても、いいことはひとつもありません。

これがスピードを遅くします。

遅くなると、またその人のアイデアは使われなくなります。

「こういうのはどう?」と出して、「それはボツ」と言われたら、さっと下げます。

「そんなにあっさり下げたのか」という印象が、相手にインパクトを与えます。

「いや、これ、いいと思うんですよ」と粘り続けても、相手は受けとりません。

これがプレゼンのひとつのテクニックです。

上司・お客様・得意先に対しては、しがみつけばつくほどNOと言われてしまうのです。

◉仕事が速くなるために

08

しがみつかない。

09

名刺を出すスピードで、会っている人の数がわかる。

名刺を出すスピードは個人差があります。

たくさんの人と会っている人は、名刺を出すスピードが凄く速いのです。

「すみません、名刺を」と言った時に、「あれ、1枚あったような気がするんですけど」と言って、いろいろな人の名刺が入っている名刺入れから、折れ曲がった自分の名刺を伸ばしながら出す人がいます。

この時点で、「この人はプロじゃない」とわかります。

名刺は銃と同じです。

相手がポケットに手を入れたら、自分が銃を先に出さないと撃たれてしまいます。

たとえ会っている人の数が少なくても、エアで名刺を速く出す練習をしておけばい

◉仕事が速くなるために

09

名刺を速く出す練習をしよう。

いのです。

名刺入れのどこに自分の名刺を入れて、もらった名刺をどこに入れて、毎日入れ換えるというダンドリは、練習すればさっとできます。

女性の場合はバッグに入れています。

バッグの中を凄い勢いで探す人は、その時点で、「この人は仕事があまりできない」という印象を与えます。

相手は「この人と一緒に仕事をして大丈夫かな」と不安になります。

仕事が速い人は名刺を出すのも速いというのは経験則でわかります。

名刺ひとつで損をする可能性もあるということです。

仕事ができても、名刺を出すのが遅い人は、チャンスを逃してしまうのです。

10

速い人は、息継ぎをしない。肺活量とスピードは、比例する。

私の母親は水泳のオリンピック強化選手でした。

水泳を教える時もスパルタです。

小学生の私に「息継ぎは水の中でしろ。息継ぎで顔を横に出したら、水の抵抗で遅くなる」と言うのです。

しかも、家族旅行の白浜とか有馬温泉のプールです。

浮き輪で子どもたちが遊んでいる横で、そんな特訓をさせられるのです。

おかげで私は、クロールで顔を上げずに息継ぎできるようになりました。

泳いでいると、波立って波がへこんだところに隙間ができます。

そこに口を半分だけ出して息継ぎをするのです。

◉仕事が速くなるために

10

リラックスして、肺活量をつけよう。

水泳選手は、みんなそれをしています。

遅い人は息継ぎが多いのです。

息継ぎが多いことで、話すのも歩くのも遅くなります。

これは肺活量の差です。

肺活量の大きさは、持って生まれたものではありません。

肺活量が小さい人は体がかたいのです。

緊張すればするほど肩が上がって、肺活量が小さくなります。

ワンブレスが短くなって、ますます遅くなるという負のスパイラルになるのです。

スピードを上げるためには、体をリラックスさせます。

そうすることで肺活量がついてくるのです。

11

口を閉じると、速くなる。

呼吸は横隔膜でしています。

鼻は筋肉がないので、鼻の穴にどんなに力を入れても息は入りません。

横隔膜をポンプのように上げ下げすることで、息を吸い込んでいるのです。

横隔膜は筋肉が組み合わさってできています。

横隔膜を鍛えることで、鼻呼吸ができるようになります。

鼻呼吸は吸うのに力がいるので、横隔膜の力が必要です。

口呼吸では、横隔膜をあまり動かさなくても、比較的簡単に息が入ってきます。

口があいている人と口を閉じている人とでは、口を閉じている人の方が圧倒的に速くなります。

自分では鼻で呼吸をしているつもりでも、ほとんどの人が口呼吸をしています。

口呼吸では呼吸が浅くなって、スピードが遅くなります。

仕事のリズムも遅くなります。

口呼吸している人は賢そうには見えないのです。

たとえば、堺雅人さんは、活舌がよくて、早口のセリフの達人です。

TVドラマ『半沢直樹』で、堺雅人さんが最後にダダダダッと畳みかけるシーンがあります。

あれは早口ではなく、ノンブレスで言っています。

だから説得力があるのです。

堺雅人さんは、いつも口を閉じています。

鼻呼吸が凄いのです。

それだけ横隔膜の力があるということです。

リズム感は、呼吸で決まります。

水泳と同じです。

●仕事が速くなるために

11

鼻呼吸しよう。

息継ぎが多いと、遅くなります。
一動作が休まずできる人は、一呼吸が長い人です。
仕事が速い人は、肺活量が大きい人です。
一回の呼吸で、大きく吐いて吸うことができる人です。
肺活量は、体の力から生まれます。
体で上げていくリズム感なのです。

第2章

そもそものやり方を変えよう。

12

スタートダッシュすることで、後がラクになる。

すべての仕事に「初め」と「真ん中」と「終わり」があります。

夏休みの宿題と同じです。

勝つのは、スタートダッシュの速い人です。

夏休み初日に宿題を全部片づけるタイプは、仕事も速いのです。

仕事が遅いのは、8月31日に追い込みで片づけるタイプです。

「自分は追い詰められればいけるタイプだ。夏休みの宿題は最後の2日間でできる」

という思い込みがあるのです。

社会人の仕事量は、小学校の夏休みの宿題レベルではありません。

2日で片づけることは不可能です。

●仕事が速くなるために

12

スタートダッシュしよう。

「自分は追い詰められればできる」という間違った成功体験が、その人を社会に出てから仕事が遅い人にさせるのです。

夏休みの頭にまとめて宿題を片づけたら、後は悠々と夏休みを楽しむことができます。

私は、どちらかというと先にやってしまうタイプです。

「あれをやらなくちゃいけない」という気持ちで夏休みを過ごしたくないからです。

勝負はスタートダッシュです。

スタートダッシュすることで、後々、余裕を持てるのです。

13

作業の順番を変えると、速くなる。

たいていの人は、ある決まった順番で作業をしています。

その順番を変えないのです。

順番を変えてみると、トータルの作業時間が短くなったり、長くなったりします。

それは変えてみないとわかりません。

「以前からずっとこうしているから、今もこうしている」と言う人は、どうしてその順番でしているのかわかっていません。

ただ言われた順番でしているだけです。

今までの作業の順番を変えることで、圧倒的に変わるのです。

私は消防大学校の幹部科クラスで、毎年、全国１７００の消防署の消防署長になる人の研修をしています。

消防官の仕事は消火活動と救助活動なので、時間との戦いです。

リーダーが遅いと、スタッフはもっと遅くなります。

速いリーダーを育てることが大切なのです。

研修では、80人を班分けして、

①机を並べ変える

②リーダーを決める

③グループ名を決める

という3つの作業を指示しました。

10チームあって、決まったところからリーダーが私のところにコールに来ます。

私は5チーム来た時点でストップをかけました。

10チームのうち、前の5チームは準備ができています。

遅れている5チームは、足を引っ張る側にまわるのです。

遅れる理由は、たったひとつ、リーダーを決められないからです。

「私がリーダーをやります」というのは、何かイヤらしくて言えないのです。

私の指示にはトリックがあります。

「机を並べかえる」「リーダーを決める」「チーム名を決める」という3つの作業を指示すると、どうしてもやりにくい作業を最後に持っていきます。

リーダーを後回しにしないで先に決めることで、机の配置もチーム名もすぐ決まるのです。

自分が当たり前のようにしているタスクがいくつもある時は、する順番を変えてみるだけでいいのです。

この順番では速くなる、この順番では遅くなる……と、いろいろ試してみます。

順番を入れ換えるフレキシビリティーを持つことが大切なのです。

◉仕事が速くなるために

13

作業の順番を変えてみよう。

14

間違えるスピードが速い人ほど、うまくいく。

速くトライすると間違えることがあります。

それによって修正する時間が生まれます。

仕事が速くなるコツは、速く失敗したり、速く間違えることです。

たとえば、新入社員は1年間でどれだけたくさん失敗できるかで、成長するスピードが決まります。

製薬会社が新薬をつくる時は、ロジックはまったくありません。

とにかく数の多さが勝負です。

ロジックをもとに開発しても、それが果たして効く薬になるかどうかはわかりません。

製薬会社がどんどん合併を続けてメガカンパニーになる理由は簡単です。

とにかくロジック関係なしにいろいろな化合物をつくり、どれかが何かに効くだろうというやり方なのです。

新薬は、違う研究をしていたチームが開発する場合もあります。

バイアグラは、心臓チームがつくった薬です。

心臓の薬の副作用として勃起機能が出ることがわかったのです。

もともとバイアグラをつくっていたわけではありません。

ほかのチームが新薬を開発するなら、ロジックは必ずしも関係ないということです。


頭のいい人は、「数撃ちゃ当たる」が苦手です。


「ロジックで行かないとムダになる」と考えるからです。

ロジックで行っても当たらないというのが今の多様化の時代です。

世の中がゆっくり進んでいる時代はロジックで追いついたのです。


転換期の今のスピードはロジックでは追いつきません。

できることが10個ある時は、1個ずつではなく10個同時に試してみます。

これが種をまくということです。

その種は、いつ芽が出るかわかりません。

ずっと芽が出ない可能性もあります。

それでも、種をまいておくと、忘れたころに「ここで何か芽が出てるな。なんだっけ、これ」ということがあります。

自然発生の果物もそのひとつです。

世の中には、新種改良でできたものではない果物があります。

宮崎の日向夏《ひゅうがなつ》は自然発生です。

もともと人工的に植えたものではありません。

たまたま突然変異的になったものを育てたのです。

仕事も同じです。

作家は受注産業です。

「こういう本を書いてください」と言われたら、「ハイ、いいですよ」という職人の世界です。

人から依頼されると、自分のしたいと思っているアングルといい化学反応を起こして、予期しないものができ上がります。

これがチームプレーの面白さです。

その面白さを味わうためには、いつ何が来てもいいようにしておくことが大切なのです。

14

間違えるスピードを、速くしよう。

15 一部改善より、全部改善が、速い。

中谷塾の生徒からの質問で一番多いのは、「自分と中谷先生はどこが違うのでしょうか」という質問です。

それは全部です。

ここで「じゃ、何から直せばいいですか」と言うのが遅い人です。

遅い人は1個ずつしようとします。

1個すれば、それだけで半分ぐらい終わるようなものがあるんじゃないかと思っているのです。

そんなものはありません。

全部同時にすればいいのです。

1個でなんとかしようとするのは、効率的にラクをしようとする考え方です。

効率を追い求めると、効率的なものを探すことに時間を使ってしまいます。

これが一番遅くなるのです。

効率を考えない人は、とりあえず、あるものを全部してみます。

たとえば、燃費をよくするために飛行機を軽量化する場合、飛行機の全部品を軽量化します。

一番重いところを軽くしても、軽量化にはつながりません。

経費削減も、どこか大きいところを削ろうという発想ではダメなのです。

削るのは全部です。

「10円ぐらい削ってもたいしたことない」というのは、違うのです。

ここで10円削ったら、1年で何万円、10年で何百万円になるというカウントをするのが経営者です。

それを10個、100個とやっていくのです。

一部改善しようとする人は、「たかだか10円じゃないか」と、その瞬間でしか考えていません。
全部改善は、体を鍛えたり、仕事を改善したり、習いごとをするにも有効です。
結局、全部改善するのが一番速いのです。

◉仕事が速くなるために

15

全部改善しよう。

最初のアイデアにこだわらないことで、スピードが上がる。

アイデアを出した時に遅くなるのは、最初のアイデアがボツだった時です。

アイデアは一発では通らないことを前提にすることです。

そうすると、最初のアイデアがボツになった時に、パンと切りかえることができます。

「何でこのアイデアがいけないんですか。こっちのアイデアが絶対いいと思います」と言っている時間が、次の行動を遅くさせるのです。

パンと切りかえて、これをキッカケに「もっと違うアイデアにしよう」と考えればいいのです。

一番遅くなるのは、相手と自分のアイデアの折衷案をつくろうとグジグジすること

16

です。

これは、私が広告代理店で一番学んだことです。

ダメなものはダメと引き揚げればいいのです。

恋愛も同じです。

私は、それを高校の初恋の時に学びました。

ダメなものダメ、押せば押すほど嫌われるということは、思春期に学ぶ方がいいのです。

◉仕事が速くなるために

16

面白いアイデアに切りかえよう。

17

便利を求めると、遅くなる。工夫をすると、速くなる。

「便利」は、受け身です。
「工夫」は、自発です。
便利と工夫は、真逆のことなのです。

世の中はどんどん便利になっています。

本を注文すると、早ければ1時間後には届くという時代です。

以前は、家電量販店で注文して「3日後に冷蔵庫を届けます」と言われても、イラッとしませんでした。

最近は、「3日後?」というクレームがけっこう多いのです。

「エッ、明日じゃないの?　アマゾンだったら明日だろ」と、どんどん速いところが出てきた時点で、それが普通になってしまうのです。

人々のイライラ度が増しているのが、この便利社会の特徴です。

その便利さはアマゾンがつくり出していることです。

自分の工夫は何もありません。

世の中が便利になればなるほど、自分の工夫がなくなり、イライラした結果、遅くなるのです。

イライラして速くなることはありません。

大体の時間のロスはイライラから生まれます。

イライラしたことによって判断ミスが起こるのです。

イライラしている時は、正しい判断ができません。


情報化社会は便利社会です。

便利社会になればなるほど、何か自分で工夫しなければならないと考えることです。

不便なことをしていると、工夫が湧きます。

17

便利を求めるより、工夫をしよう。

便利な登山はありません。
ひたすら不便です。
そこで、やっと工夫が生まれてくるのです。
急にパソコンが壊れたら、私はいくらでも手書きします。
私は本を手書きで始めた世代なので、本を1冊書けます。
今、パソコンに慣れている人は、手紙1枚、手書きできません。
便利で速いことに慣れると、やがてその速さは自分で操作できない速さになります。
不便な環境に身を置いた方が、自分の工夫力が伸びます。
便利さに甘やかされると、自分がダメになります。
そして、何よりもスピードが遅くなるのです。

18 データの蓄積で、スピードが速くなる。

仕事が速い人は、上司から受けた指示をこなして終わりではありません。

その指示をキッカケに、気になったことを調べたりします。

そんなことをしても上司は別に喜びません。

私はサラリーマン時代に、上司から「タンポポの白い綿毛がフワッと飛んでいる写真を探してこい」と頼まれて、会社から近い八重洲ブックセンターに行きました。

本屋さんで片っ端から写真集をめくって探しましたが、ドンピシャの写真は見つかりませんでした。

それでも、その作業は、次に「写真を探してこい」と言われた時に役立つデータになるのです。

「この間、タンポポを探した時に、あそこにこれがあったような気がする」というデータの蓄積は、ふだんからできます。

オフの日にずっとクルマに乗っている消防士さんもいます。

「この横道から入ると渋滞の時に近道ができる」とか「この道、消防車が通れるな」と、仕事に役立つ情報を収集しているのです。

休みの日に、わざわざそのためだけにクルマで町中をまわります。

別にしなくていいことでも、いざという時のためにしておきたいと考えるからです。

消防車は、現地に10秒速く着くか、遅く着くかで消火活動に大きく影響します。

「ここに抜け道があって、ここからこう行ける」という情報収集をふだんしている人と、そうでない人がいます。

ふだんから抜け道を探している人は、いざ消防車で直行する時に、ナビに出ていない抜け道を通って、より速く現地に着けます。

そうするとスピードが上がるだけでなく、自分自身のモチベーションも上がります。

結果として、「モチベーションが上がる→スピードが上がる」という正のスパイラルに入ることができるのです。

◉仕事が速くなるために

18

頼まれる前に、情報収集しよう。

19

持ち物が減ると、速くなる。

「時間がない」と言っている人の共通点は、持ち物が多いことです。

キャリーバッグやリュックを持つ人が増えています。

これだけPC・スマホの時代に、荷物は減っているはずなのに、大きいリュックやキャリーバッグを持ってしまう。

荷物が急に増えたわけではありません。

要らないモノを持っているのです。

ビジネスマンで荷物の多い人は、それだけで「この人は仕事が遅い」ということがわかります。

荷物を減らすと、結果、速くなります。

旅上手の人は荷物が少ないです。
旅上手とは、フットワークがいい人のことです。

荷物が少ないと、空港に着いてすぐにリムジンバスに乗れます。
大きいバッグを持っている人は、機内持ち込みができなくて預けています。
空港に着くと、ターンテーブルから荷物が出てくるのを待っています。
結果、リムジンバスに乗り遅れるという負のスパイラルになります。
これからみんなで動く時にも、いちいちロッカーを探すことになります。
ここでまた時間がかかって、全体に迷惑がかかるのです。
そういう人は、次からは誘ってもらえなくなります。
ここでチャンスを失うのです。
実際、旅慣れている人の荷物は最小限です。
現地で手に入るモノは持っていかないのです。
南極探検では、犬ぞりで荷物を引っ張ります。
自分の荷物はほとんどありません。

荷物の半分は、犬のごはんのペットフードです。

探検家は、とにかくフットワークが命です。

そのために自分の荷物は極力小さくするのです。

今のビジネスマンにも、まったく同じことが言えます。

仕事が速いというのは、フットワークがいいということです。

フットワークは荷物の重さに反比例します。

飛行機は、1グラム軽くなるだけで燃費が違ってきます。

人間が動く時も、荷物が多いと、「荷物置き場はあるかな」「この荷物を持って階段を上がるのはめんどくさいな」ということで、自分のモチベーションの足を引っ張ることになるのです。

◉仕事が速くなるために

19

持ち物を、減らそう。

落ち込んでいいから、立ち直りを速くする。

20

落ち込まない人は1人もいません。

誰でも落ち込むことはあります。

ただし、落ち込みからの立ち直りのスピードは、違います。

さっと泣いて、さっと笑っている人は、立ち直りが早いので、落ち込みの時間が短いのです。

上司が部下を叱ると、部下は落ち込みます。

そこから早く立ち直る人には、次もまた教えたくなります。

上司は叱ったのではありません。

「これはこうした方がいいよ。そうしないと君の人生において損するよ」と教えているのです。
何か言われて次の日に休むような人には、次は教えにくくなります。

「昨日は大丈夫だった？」と聞いた時に、「何でしたっけ」と言うぐらいの人の方が、次もまたアドバイスしたくなります。

この差が大きいのです。

「さっと泣いて、さっと笑う」というスピード感が大切なのです。

●仕事が速くなるために

20

さっと泣いて、さっと笑おう。

21 相談できる人を持つだけで、速くなる。

「こんなことがあったんですけど」と、いつでも相談できる人を持っておくことです。

何かトラブルがあった時にストップしないですみます。

「それ、こうしたらいいいんじゃないの」とクイックレスポンスしてくれる人に相談する。


ストレスも残らない。

スピードも滞ることがありません。

相談できる人がいるかどうかで、その人のスピード感覚は変わります。

判断に困った時は、すぐに相談することでストレスがなくなるのです。

自力だけでなんとかしようとする人は、遅くなります。

◉仕事が速くなるために

21

相談できる人を、持とう。

「優等生は、人に頼ると負け」と思い込んでいるので、相談できません。

優等生ほど、遅くなります。

優等生でない人は、これまで、何度も相談してきて「相談慣れ」しています。

「相談しても、ダメな人間だと切り捨てられない」と安心感があれば、相談できるのです。

22

相手を邪魔しないことで、自分が速くなる。

相手を邪魔することで、自分が速くなることはありません。

かち合う時は、奪い合いをしないことです。


相手側の前を通ろうとするから、相手も前を通ろうとしてぶつかるのです。

自分が後ろを通ろうとすれば、相手は前に行ってくれるので、すっと通れます。

自分が速くしたければ、相手を速くさせてあげることです。

これは、お互いの動線を邪魔しないという方法です。

さらに、自分が今、動線を邪魔しているということに気づくセンスが必要です。

たとえば、案内をする時に、お客様が進む先に立って「こちらへどうぞ」と言う人がいます。

22

動線を邪魔しない。

動線という感覚は、その人の身体感覚であり、スピード感覚です。
自分が先に行こうと焦る人は、相手の動線をふさぎます。

「どうぞ」と言う時は、相手の動線をあければいいのです。

上司に相談ごとがある時も、同僚を先にしてあげて順番を譲ります。

その方が、結果として自分が速くなるからです。

仕事が速い人は、ふだんから同僚や上司の動線をあけておくという気遣いをしているのです。

23

ストレスがなくなれば、仕事が速くなってますます、ストレスがなくなる。

ストレスとスピード感は連動しています。

ストレスがたまるとスピードが遅くなり、仕事がはかどらないからますますストレスがたまるという負のスパイラルに入ります。

上司に話が通じないときは、「上司に通じるのはこのレベルまでなんだな。それじゃ、教育的指導をしていこう」と考えます。

上司を壁と考えないことです。

上司やクライアントさんに教育的指導をして、「最近、このレベルまでわかってきたのかな」と、自分を主体にします。

自分を決して奴隷にしないことです。

仕事をしていると、上司から厳しく怒られたり、理不尽なことを言われるというストレスもあります。

そもそも上司はサラリーマンです。

神でも親でもありません。

上司のサラリーマンとしての立場を守ってあげるのも、部下の仕事です。

上司は、下げたくない頭を下げて、しがらみを気にしながら、やっと今の役職についたのです。

上司の今までの苦労をムダにしないことです。

サラリーマンにムチャを言うのはかわいそうです。

何か新しいことをやるときにも、ストレスはつきものです。

ストレスはすぐには来ません。

「エーッ」と言っているうちに、ストレスが遅れてやって来ます。

「エーッ」と言う前にしてしまえば、ストレスは来ないのです。

●仕事が速くなるために

23

さっとやってしまおう。

ドキドキは最初に来ません。

後から遅れてやって来るのです。

ドキドキしたら、もうできません。

「えーっと……」と、冷静に考えているとドキドキがドーッとやって来ます。

1拍置くと、もうできません。

ドキドキ感が湧いてきた時点でムリです。

ドキドキする前にしてしまうことです。

先にアポを入れて、自分を追い込んでしまうのもひとつの手です。

その結果、脳がアポを入れたことに対して「じゃ、こうしようか」とアイデアを考えるようになるのです。

第 3 章

先頭集団に
ついていこう。

決断とは、今決めることだ。

24

仕事が遅い人は、決断とは「思い切って決めること」だと思い込んでいます。
だから遅くなるのです。
仕事が速い人にとっての決断の定義は、「今決めること」です。
そこに「思い切って」も何もいらないのです。
「明日決断します」というのは、すでに言葉として矛盾しています。
それは決断ではなく、遅いのです。
決断の数だけ、チャンスをつかみます。
今決めることで、未来を開いていけるのです。
ここで「今というのは、どれぐらいの速さですか」という質問が来ます。

「今」とは、0・1秒です。

たとえば、会いたいと思っていた人から、ごはんに誘われます。

ここで「ちょっと待ってください」と言って、手帳を見た時点でアウトです。

相手から「スケジュールがあいていたら行くんだな。その程度だったら来なくていい」と思われるのです。

大切なのは即答することです。

「行きます」と言ってから、入っていた予定を調整すればいいのです。

「あいていたら行く」という態度では、相手はうれしくありません。

「予定が入っていて行けなかったら困るから」というのは、自分を守っています。

相手軸で考えていないのです。

「ぜひ行きたいです。スケジュールを確認させてください」と言うのは、言葉が矛盾しています。

「ぜひ行きたい」と言いながら、なぜスケジュールを確認するのかということです。

仕事が速い人はスケジュールが入っていても「行きます」と言います。

こんなチャンスは二度とないのです

相手は即答するかしないかで判断します。

速い人の集団と遅い人の集団では発想が違うのです。

◉仕事が速くなるために

24

今、決めよう。

25

することが決まる前に、アポを入れる。

仕事が速い人は、とにかくアポを先にとります。

アポをとってから何をするかを考えるのです。

仕事が遅い人は、何をするか決めてからアポをとります。

することを決めてからアポをとろうとすると、その分進みが遅くなります。

スピードは意欲です。

私のところに編集者から仕事の依頼が来た時も、やっぱりヤル気のある人を優先したいのです。

「発売日は決定しています。逆算すると○○日までの入稿です。何をやりましょうか」

と言う人が優先されます。

企画が決まって社内で通ってからアポをとる人は、「もう別の仕事が入っているから、その次ね」と後回しにされるのです。

人間の感情として、同時に2人が来た時に先にやってもらえるのは、スピードのある人です。

後回しになった人は、自分が後回しにされていることに気づいていません。

これが怖いのです。

「しまった。自分は後回しにされた。このやり方はまずい。スピードを上げなければいけない。改善しよう」と思える人は、まだいいのです。

たいていの人は、後回しにされても、「こんなもんなんだな。意外に時間がかかるんだな」と、納得しているのです。

マナーが悪い人も、お店のメモに「後回し」と書かれています。

「後回し」の次は、「出禁」です。

これは利用者には見えません。

◉仕事が速くなるために

25

アポを入れてから考えよう。

感じがいいからというので、後から来たのに先回しになる人もいます。
先回しにしてもらったことには気づきません。

マナーは、スピードを上げるためにあるのです。

マナーが悪いと後回しにされます。
マナーはめんどくさくて時間がかかるという思い込みは、逆です。
マナーがいいと後回しにされないので、仕事が速くなっていくのです。

26

期限のない約束は、約束ではない。

約束で一番よくないのは、締切のない約束です。

「そのうち、また会いましょう」は、最もチャンスを失います。

本当に約束したいなら、「来週の○日」と、具体的に言うことです。

「そのうち、また1杯行きましょう」は、逆に助かります。

「そのうち」は永遠に来ないので、そういう人とはかかわり合わなくてすみます。

自分が本当に約束したい時は、「来週の○日は、あいていますか」と、その場で期日を入れないと実現しない可能性があります。

相手が「そのうち」と言ったら、「もうあなたとは会いたくない」と言っているのと同じです。

◉仕事が速くなるために

26

約束に、期日を入れよう。

「○○さんが、『そのうち、ごはん一緒に行きましょう』と誘ってくれたんです。ところが、まだお忙しくて連絡がないんですよね」と考える人は、危機感が足りません。

仕事の速い人は、本当に会いたいと思ったら、その場で「○日はどうですか」と期日が入ります。

社交辞令を社交辞令で終わらせないのが、食いつくということです。

仕事の遅い人は、食いつき力が弱いのです。

「そのうち」と言われて、「自分は誘ってもらえたから、気に入られているかも」と喜んでいる場合ではありません。

「そのうち」と言われたら、面接に落ちたということなのです。

27

「その日はダメなんです」ではなく、「何時以降なら、大丈夫です」と言う。

たとえば「そのうちごはんでも食べましょう」という話になり、「今、日にちを決めさせてもらっていいですか」と、社交辞令で終わらせないために食いついたとします。

その時、相手に「じゃ、○日はどうですか」と聞かれて、「すみません、その日は仕事が入ってるんです」と言うと、ゲームオーバーです。

アポイントメントは、日にちではなく、「すみません、遅くなってもよければ、○時以降だったら大丈夫です」と、時間で踏ん張ることです。

「その日はダメ」と言うと、終日ダメということになります。

レストランの予約でも、「○月×日、あいていますか」と言った時に、「その日は満席でして」と、すぐに断る店員さんがいます。

行く時間はまだ伝えていません。

「6時〜7時の1時間で出ます」と言うと、7時半からの予約には影響しないので席がとれます。

「満席いただいておりまして」と言う人は、時間感覚が遅くて、1日1回転しか考えていないのです。

相手が「その日はちょっと先約があって」と言う時も、自分から「遅い時間でも大丈夫なので」と踏ん張ると、「それなら○時で」と会う約束ができます。

「朝はいかがですか」と、時間を早める方法もあります。

日にちではなく時間で考える人がチャンスをつかめるのです。

◉仕事が速くなるために

27

日にちではなく、時間で答えよう。

28

即来ない返事は、NOと解釈される。

「行きませんか」と誘われた時に、即来ない返事はNOという判断になります。

NOという返事はいりません。

即、返事しなければNOなのです。

YESなのに後で返事しようとすると、相手からはNOと判断されます。

たとえば、レストランで「これ、誰か食べたい人いますか」と聞かれた時に、すぐに返事をしないと「いませんね」となります。

このリズム感にのっていくことです。

ジャズと同じで、ベースとしてのリズム感がそれぞれあります。

その先頭集団のリズム感の中に入っていけるかどうかです。

◉仕事が速くなるために

28

即、返事しよう。

リズム感の悪い人で、速すぎる人はいません。
ほとんどが遅いのです。
大縄跳びに入れない人は、怖がって1拍遅れるからです。
必要以上に跳ぶ人も、大縄跳びではひっかかります。
凄く高く跳ぶと着地までの時間が長くなるのです。
大縄跳びが平気な人は、普通に歩くように入ります。
新聞を読み、犬の散歩をさせながら、そのまま通り過ぎることもできます。
犬もひっかかりません。
大縄跳びは、前の人と同時に入ることもできます。
速すぎることはないのです。

29

遠慮すると、遅くなる。レストランで一番にオーダーする人は、すべてのことが速い。

道徳的にいい人は、仕事が遅いです。

せつないことに、道徳的にいい人ほどチャンスがつかめなくなります。

恋愛でも、道徳的にいい人はつまらないので、つきあいたくありません。

「それって道徳的にどうかなと思うよ」と小言を言うような人は、いい人ですが、恋人にも仕事のパートナーにもしたくないのです。

だからといって、悪いことをしろと言っているわけではありません。

「遠慮」は道徳的には正しいですが、時間的にはマイナスに働きます。

一流の人に食事に誘われた時に、「エッ、いいんですか」と言った時点でアウトです。

「だったら来なくていいわ」と言われるのです。

◉仕事が速くなるために

29

遠慮しない。

一流の人は社交辞令を言いません。

質問返しは確認のためにしているのではありません。
喜んでいることをアピールしたいのです。
その遠慮がムダなのです。

30

お店を紹介されたら、その場で予約を入れる。

一流の人に「△△に行くといいと思うよ」と紹介された時、仕事が遅い人は「せっかく○○さんにご紹介いただいたから、ぜひ行ってみます」と言います。

仕事が速い人は「今、予約入れます」と、その場で予約します。

「早速行ってみます」と言うAさんと、「早速予約します」と言うBさんがいたら、相手の人はどちらを気に入るかという問題です。

目の前で予約を入れる人を見たことがない人は、「早速行ってみます」と言う自分が一番速いと思っています。

実際は、相手の目の前で予約した人の方が好印象になります。

私が経営者の人たちと一緒にいて、「○○の本が面白かった」という話をすると、み

んなその場で買います。

「今度読んでみます」と言う人はいません。

テクノロジーが進んでいる今の時代は、「帰りに本屋さんに寄ってみよう」という悠長なレベルではないのです。

目の前で本を予約する人には、「あと、この本も……」と、どんどん次も教えてあげたい気持ちになります。

一流は、「早速届いて読んだら面白かったです。いい本を教えてもらいました。また教えてください」というお礼の連絡も速いです。

ついでに、「この本も面白かったですよ。よかったら読んでみてください」と教えてくれて、お互いに行動の速いネットワークに入っていけるのです。

◉仕事が速くなるために

30

紹介された本は、その場で買おう。

31

座らないですると、速くなる。

どんなことでも、座らないですると速くなります。

座ると、それだけで遅くなるのです。

たとえば、ある経営者の人に「中谷さん、ご相談なんですけど、ちょっとこちらへおかけいただけますか」と言われました。

「立ってできないかな？」と聞くと、「いや、座らないとちょっとできない話なんです」と言われて、怪しいなと思いながら座りました。

終わってみると、「この話は立ってできましたね」という程度の話でした。

その時、私は「君はこれから経営者をやっていく時、立ち話で交渉しないとチャンスはつかめないですね」とアドバイスしました。

相手に「座って話して損した」と思われるからです。

座ると会話が遅くなります。

忙しい人をつかまえていくことが、仕事で成功するために必要なチャンスです。

自分より上の人は、自分より忙しい人です。

その人に「ちょっとおかけいただけますか」と言うと、「座れない。それだったら、また今度時間をとろう」と言われます。

「また、そのうちに」と、握手して終わりで逃げられてしまいます。

逃がさないためには、立ってそのまま話をします。

「お茶をとりましょうか」と言う必要もありません。

私は会社の会議でお茶をとる係をさんざんしました。

お茶が運ばれてくるのを待つ時間はムダです。

仕事の速い人の話は、お茶が来るまでに終わってしまうのです。

まず座らないで話をするチャンスをつかめないと、座る機会は生じません。

「これ、座らなくてもできた話だな」と思われると、次からは「ちょっと今急いでいるので、今度ちゃんと時間をとって話しましょう」と言って逃げられます。
コートを脱ぎ着する時間もムダです。
仕事の速い人は、「コートは失礼だから脱げ」という文句を言いません。
仕事の速い人と仕事の遅い人はマナーが違うのです。
外国では、訪問先の家に入る時はコートを脱ぎません。
自分からコートを脱ぐ行為は、「長居します」という意味で失礼だからです。
玄関に入って、「どうぞコートを脱いでください」と言われたら脱ぐのがマナーです。
その前にコートを脱ぐと「なんで長居するつもりなの？」とマナー違反になります。
コートを脱いで入るのは、日本流のローカルマナーにすぎないのです。

●仕事が速くなるために

31

座らないで、しよう。

32 収入は、スピードに比例する。

「収入を上げたいんですけど、どうしたらいいですか」と聞かれます。

スピードを速くすることです。

スピードが速い人には、仕事の依頼やスカウトが来ます。

求められている能力はみんな違います。

「明日までにどれだけ書けるか」「急に頼んでこれができるか」というスピードが一番わかりやすいのです。

急な依頼や変更にどれだけ対応できるかが勝負です。

あらゆるチャンスは「急」で成り立っているのです。

私は小学館でライターの仕事をしていた時に、帰ろうとしたら「あ、よかった。中谷君」とエレベーターの前で呼びとめられて、「ちょっと急ぎで、これ書いてくれないかな」と頼まれました。

仕事はこの連続なのです。

事前に準備されているのではなく、「エッ、急に？」という依頼をどれだけできるかが大切です。

代打の1番に入っていけばいいのです。

代打の1番は、急に打っても大丈夫な人です。

レギュラーになるわけではありません。

「今度から、何でもあったら言ってください」と、一番安心できる存在になれることです。

たとえば講演がある時に、偉い先生はご高齢で体調を崩すことがあります。

その時に「明後日なんだけど、大丈夫ですかね」と言われて、「もうちょっと事前に言ってもらわないと、準備があるし」と言わないことです。

「大丈夫ですよ。テーマは何ですか。ハイ、わかりました」と、すぐ受けられる準備態勢でいると、相手との信頼関係が生まれます。
ふだんから対応できる幅を広げておくことが、結果として収入につながります。
自力で収入を上げることはできません。
収入は他人からの評価で決まるからです。
自分のスピードは、自力で上げられるのです。

◉仕事が速くなるために

32

収入を上げる前に、スピードを上げよう。

一流は、質問する人を覚える。

33

質問をすることは聞き手のメリットになります。
そんなことを聞くのは厚かましいのではないかと心配になります。
そんなことは、まったくありません。
一流の人は、お土産を持ってくる人より、質問をする人の方を覚えています。
自分に何かしてもらいたがっているのは、二流の人です。
そんな人と知り合っても意味がないのです。
一流の人は、常に人のために何か役に立ちたいと思っています。
「こんな質問に答えてもメリットはない」とは、考えないのです。
質問をするには、課題を自分で見つけなければなりません。

これが、自発です。
課題を自分で考えるより、お土産を持っていった方がラクです。
課題なしに人に会うと、出会いのチャンスを失うのです。

◉仕事が速くなるために

33

お土産を渡すより、質問をしよう。

34

当たり前の速さが、一流と二流で違う。

進学校は、当たり前の勉強量が違います。

東大に合格した灘高校や開成高校の生徒たちは、「何か特別な勉強をされていました？」と聞かれると、「当たり前のことしかやってません」と答えます。

その時、「なんだ、意外に勉強してないんだ」と思わないことです。

休み時間は、数学オリンピックの話題や、授業よりもハイレベルな会話をしています。

当たり前のレベルが凄いのです。

人に何かを聞いて、「当たり前のことしかやってません」と言われても、それを自分の当たり前と同じだと思わないことです。

スタイルのいい人に「何かダイエットしているんですか」と聞くと、「当たり前のことしかやってません」と言います。

実際は、運動・食事・睡眠で、ストイックなことをしています。

二流が頑張っていることより、一流が当たり前にしていることの方がはるかにレベルが高いのです。

これを勘違いしないことです。

頑張った時にどれだけ凄いことをしているかより、日常生活のすべてでスピードを上げていくことが当たり前の速さを上げるコツです。

仕事が速い人は、オーダーをするのも速いです。

食事のオーダーは、その人の日常の一部です。

こういう部分は意外に見逃しがちです。

一流のマネをする時は、仕事をしている時だけを見ようとしないことです。

広告代理店は徒弟制で、私は師匠藤井達朗につきました。


弟子になる一番のよさは、上司と部下とは違い、師匠の日常を全部見られるところ

です。

師匠の電話での話し方、タクシーの乗り方、廊下の歩き方が、24時間ずっと横にへばりついているとわかります。

それで師匠の当たり前や物事の発想法を覚えます。

徒弟制は、常に師匠にべったりでウエットな関係が大変です。

それでも、「師匠はタクシーの中で何を見ているのかな」と、仕事の前後の様子を見ることが学びになります。

自分のスピードを速くしたいなら、頑張る時の最高スピードではなく、標準速度を上げることが大切なのです。

◉仕事が速くなるために

34

当たり前の速さを、速くしよう。

35
遅い集団にいると、疲れる。速い集団にいると、疲れない。

明治維新の時に西洋から日本に持ち込まれたものは、合理主義とスピードです。

日本が遅いのは、鎖国していたために、遅さに慣れてしまったからです。

その間に西洋では産業革命が起こって、圧倒的にスピードが速くなりました。

産業革命が世の中にもたらしたのは、農業社会から工業社会に変わったことによるスピードの変化です。

現代の情報革命は、産業革命の工業化社会よりも、もっとスピードが速くなっています。

鎖国していたころのスピード感覚で仕事をしていたらついていけません。

自分の遅さに気づかないのは、周りもみんな遅いからです。

自分ではそこそこ速いつもりですが、そもそも所属する集団が遅いのです。

遅い中で頑張ると、ストレスがかかって、しんどくなります。

先頭集団にいると、みんなと同じテンポに合わせているだけだから、ストレスはかかりません。


先頭集団と後方集団では、後方集団にいる方がストレスがかかります。


速くなるには、速い人に接して自分の遅さに打ちのめされることです。

それで初めて自分の遅さに気づきます。

プロのスピード感を目の当たりにすると、「こんなに速いのか」と驚きます。

バッティングセンターでも、球速１２０キロと70キロの差は、べらぼうに違います。

本当に速いものを見ないと、自分の遅さに気づかないのです。

●仕事が速くなるために

35

本当に速いものを見よう。

36
時間は、余命だ。

約束の時間に自分が遅れることは、相手の余命を奪っているということです。

自分の命と相手の命、どちらも大切にする必要があります。

時間でモタモタすることは、自分の命も相手の命も粗末にしているのと同じです。

相手の時間を10分ムダにすると、相手が親や家族の死に目に会えない可能性があります。

10分というのはそれぐらい貴重なのです。

その10分を貴重に扱うことを意識すればいいのです。

中には、「たった1分しか遅れてないじゃないか」と言う人がいます。

自分の1分の遅れは、相手の1分の遅れではありません。

1分の遅れで、大事なお客様が帰ってしまうこともあります。
1分の遅れで、ランチのお店が満席になることもあります。
1分の遅れで、飛行機に乗り遅れると、1時間の遅れになります。
時間に対しては、それぐらいの緊張感を持つ必要があるのです。

36

自分と相手の命を大切にしよう。

第4章

寸暇を惜しんで
学ぼう。

37

勝負は、始まる前に、ついている。

1日のスタートは、朝ではありません。

前の晩にどれだけ準備しているかで、翌朝に突発的なことが起きても対応できます。

仕事が遅い人は、「よし、本番が勝負だ」と、本番で頑張ろうとします。

本番の時は、すでに勝負はついているのです。

すべては、それまでの準備で決まります。

「勝負は本番が始まる前だ」という意識で、いろいろな状況を想定して準備をしておくことです。

もちろん、ムダになる準備もあります。

それでも、ムダを恐れないことです。

自分が経験したノウハウは、今後に生かせるのです。

◉仕事が速くなるために

37

1日のスタートは、前の晩にしよう。

38

時計の位置を変えると、速くなる。

家や仕事場での時計の位置を変えるだけで、行動は速くなります。

私はホテルに行くと、置時計をベッドサイドから洗面台に移動させます。

部屋の方は、ＴＶに時間表示が出たり、時計も見られます。

朝、忙しい時の勝負は洗面台の時間です。

この時、時計がないと遅れるのです。

人間は、どこでアイデアに没頭するかわかりません。

アイデアが浮かんで没頭すると、時間感覚が飛ぶのです。

歯を磨いたり、シャワーを浴びている時に時間が確認できると、後のダンドリを立てられます。

夜中にトイレに起きた時も、時計を見ればあと何時間寝られるかわかります。

ベッドの方は消灯していると時間がわかりにくいのです。

机に向かっている時も、常に時計が見える位置に座っていると、全体の時間配分ができます。


人に会うときも、常に見える位置に時計を置いたり、時計が見える位置に座るという状態にしておかないと、損をすることになります。

今は外出時に腕時計を持っていない人がたくさんいます。

スマホが時計がわりになるからです。

仕事中に腕時計やスマホを見ると、相手からの印象が悪くなることもあります。

時計を見るしぐさは、退屈しているという意味なのです。

自宅でもあちこちに時計を置いておくと安心です。

時計は、放っておくと進むので注意が必要です。

時計をドンピシャの時間に合わせておけば待ち合わせに遅れません。常に時計を見て、相手に失礼がないように行動することが大切なのです。

◉仕事が速くなるために

38

目につく位置に、時計を置こう。

早く寝ることで、時間が増える。

39

時間を増やすためには何をすればいいか。
早く寝ればいいのです。
時間がないからといって、夜中遅くまで仕事をするのは逆です。
夜遅くまで起きていると、仕事の効率が下がるのです。
脳の集中力がどれだけあるかで、仕事の生産性がまったく変わってきます。
怖いのは、自分の生産性が睡眠不足で落ちていることに気づかないことです。
睡眠不足は酔っぱらいの状態と同じです。
酔っぱらいがケンカをするのは、アイデアが浮かばないからです。
たとえば、お店の人に「閉店です」と言われて、「もう一杯飲ませろ」と、ケンカになります。

「仕方ない。どこか別のところに行こう」というアイデアが浮かばないのです。

アイデアとは、前向きな次のプランBが浮かぶことです。

暗いアイデアが浮かぶのは、前向きなプランBが浮かばないからです。

「じゃ、どうしたらいいんだ」と、受け身の態勢になっていきます。

これが睡眠不足で起こるのです。

睡眠不足で、チャンスをなくします。

受験勉強でも、大学に通る受験生は早く寝ています。

「あの人は、もともと勉強ができたに違いない」というのは、間違った解釈です。

「自分は徹夜して頑張っているのに、うまくいかない」と言う人がいます。

これは理にかなっています。

「遅くまで起きている」→「頭が回らない」→「効率が悪くなる」→「ますます遅くまで起きている」という負のスパイラルに入るのです。

「朝早く起きよう」とは言っていません。

◉仕事が速くなるために

39

早く寝よう。

早く寝たら、自動的に早く起きるのです。

朝早く起きると決めた人は、夜遅くまで仕事をして、朝早く起きています。

結局、睡眠時間を削っているだけです。

早起きしても、あくびばかりしています。

一方で、早く寝た人は、勝手に起きて、起きた瞬間から頭がフル回転しています。

実際、経営者は早く寝ています。

会社の中でも、年収が高い人ほど早く寝て、年収が低い人ほど遅くまで起きているのです。

40 早く帰る人ほど、チャンスをつかむ。

会社に遅くまで残っていて、「私、こんなに頑張っています」とアピールしている「見せ残業」の人がいます。

遅く帰る人は、その分、勉強時間が減ります。

早く帰る人ほど、習いごとに行ったり、勉強しています。

遅く帰る人ほど飲みに行くのです。

遅く帰る人は見せ残業をする集団に入り、早く帰る人は勉強する集団に入ります。

会社の中でも、早く帰る集団と遅くまで残っている2つの集団があります。

勉強しているのは早く帰る集団の方です。

チャンスをつかみたいと思うなら、早く帰る集団に入ればいいのです。

◉仕事が速くなるために

40

早く、帰ろう。

早く帰ることができない理由は、帰った後に、いいことがあったのではないかという心配からです。

実際には、後でいいことが起こることはないという真理に、早く気づくことです。

遅くまで残っていて出会える人は、チャンスをくれる人ではなく、チャンスを求めている人だけなのです。

チャンスをつかむには、早い段階で、勝負することなのです。

41

一流から習うことで、時間が節約できる。

習いごとで、その人の時間感覚が決まります。

習いごとは、時間がかかります。

「ボールルームダンスを習おうと思うんですけど、まったくの初心者がいきなり一流の先生に習うのは申しわけないので、まず二流の先生から習っておいて、そこそこ基礎ができてから一流の先生に習おうと思います」と言う人がいます。

その人は上達が遅くなるのです。

一流クラスと二流クラスでは、基礎がまったく違います。

二流クラスでそこそこ基礎ができてから一流の先生に習うと、まず、二流で身につけたことをリセットするところから始めます。

元の状態に戻るには、教わった時間分かかります。

教わった時間より早く元に戻ることはありません。

教わるより元に戻る方が難しいからです。

特に、初心者は習ったことが体に張りついてしまっています。

そういう人は、いきなり一流の先生のところに来た人に追い越されます。

初心者であればあるほど、一流の先生から習った方がいいのです。

これは習いごとの基本です。

「学習」よりも「脱習」の方が時間がかかります。

最初から一流の先生に習えば、時間もお金もムダになりません。

当然、一流の先生の方が料金は高いです。

高いお金を払って二流のクセをとっている間は、一流の先生から一流の基礎を何も習っていません。

これがお金のムダづかいなのです。

一流の先生から習うと、授業料が高くなるのは、レベルが高いからだけではありません。
基礎をきちんとできて、長い目で見て、時間の節約になるからです。
先生の時間ではなく、自分の時間を買っているのです。

◉仕事が速くなるために

41

一流から、習おう。

42

ほめられる1秒を惜しんで、勉強する。

今はみんなが「ほめて、ほめて」と言っています。
他者承認の時代です。
「ほめる会」というパーティーもありますが、まったくの時間のムダです。
ほめてもらう時間があるなら、その時間で勉強した方がいいのです。
ほめられても、何となく自分が満足するだけです。
そこに進化はないし、新しい情報はそこから何も入ってきません。
ダメ出しをしてもらう方が、よっぽど有意義です。
習いごとで、先生に「もっとほめてください」と言う人がいます。
ほめられに来ているのか、成長しに来ているのか、どちらなのかということです。

ビジネススクールは、1コマ3時間です。

小学生向けなら、ほめる授業をします。

その方が、教える方もラクです。

私はプロとして、生徒をもっとよくするために、ダメ出しに全力を注いでいます。

私が「じゃあ、小学生向けでやろう」と言うと、泣きながらトイレまで追いかけてきて、「大人向けでお願いします」と言うのです。

ほめてもらいたいなら、飲み屋に行った方がいいのです。

限られた時間の中で、ほめられている時間はムダです。

その間は、学んでいないし、ダメ出しをしてもらっていません。

その瞬間、生徒でもなく、弟子でもなく、お客様になってしまうのです。

◉仕事が速くなるために

42

他者承認の時間を、勉強にまわそう。

43

進化する瞬間は、自分ではわからない。

トレーニングでは、日常生活の「立つ・歩く・座る」を意識して行います。

無意識にしていることを意識的に行うことで、それぞれのやり方を改善していくのです。

これがダンスであり、茶道であり、コアトレーニングです。

ふだん無意識にしていることは、説明が難しいのです。

自転車の乗り方を説明するのが難しいのと同じです。

今できていることのメカニズムを改めて解きほぐそうとすると、突然できなくなるのです。

その段階を経ないと、さらに上のステップには上がれません。

「今までどう立って、どう歩いていたんだろう」

「歩くってどうするんでしたっけ」

この混乱した時間の後、突然できるようになるのです。

できるようになった瞬間は、自分ではわかりません。

先生に、

「もうできてますけど」

「エッ、いつできました？」

「いや、しばらく前からできてたけどね」

と言われて、始めて気づきます。

自分では「できた」という感覚はないのです。

これが人間の進化です。

くす玉が割れるような瞬間はなく、何となく通り過ぎるのです。

「しばらく前からできてたよ」と言われると、「なんでその時に言ってくれないんですか」と言いたくなります。

それを言うと、意識してうまくいかなくなるのです。

「前と違う感じがしませんか」と言われても、前がどうだったか思い出せません。

前が再現できないのです。

それでいいのです。

「前はこうしていたけど、今はこうしている」と言っているうちは、まだ後ろを向いています。

その壁を乗り越えると、前がどうだったか思い出せなくなります。

これが進化です。

女性の恋愛は、これに近いのです。

男性は別れた彼女を引きずっています。

振っても振られても、ずっと覚えています。

女性は覚えていないのです。

男性は「かわいそうなことしたな」と思っていても、女性は「どなたでしたっけ」ぐらいの感覚です。

それが前を見るということなのです。

◉仕事が速くなるために

43

意識的にしよう。

44

レベルが上がると、ほめられなくなる。

人間の欲望は、
①ほめてもらう
②成長する
の２つです。
仕事が遅い人は、ほめてもらうことを優先します。
子どもなら、まわりは甘やかしてほめてくれます。
大人になると、そうはいきません。
それぞれのレベルで、求められる厳しさは違います。
成長すればするほど、ほめてもらう率は下がるのです。

レベルが上がると、よさは一般の人たちにわかりにくくなります。

茶器も、どちらが国宝で、どちらが100均かわからないのです。

レベルが上がれば上がるほど、「いいね!」は減っていきます。

アーティストは、売り始めのころが一番売れます。

レベルが上がると、だんだん売れなくなります。

ビートルズですら、レベルが上がって、ファンがついてこられなくなりました。

これがなかなか微妙なところです。

稼ごうと思ったら、あまりレベルを上げない方がいいのです。

ここが踏ん張りどころです。

自分の割り切りを、どこに持っていくかです。

周りに理解されなくなってきたら、「レベルが上がりすぎているのかも」と、自分のストレスの落としどころを考えることも大切です。

ほめてもらった自信は、すぐ消えます。

毎回ほめてもらわないといけないからです。

◉仕事が速くなるために

44

ほめられることを、求めない。

「何で今日はほめてくれないの？　ということは、今日はダメなの？」ということになるのです。

それは他者からもらった自信です。

それよりも、「自分はここができないから、もっとこういうふうになりたい」という自己肯定感を持った方が上達が速いのです。

毎回ほめられないと持てない自信は、受け身の自信です。

ほめられることで弱くなるのです。

45

アイデアは、相手のレベル以上は通じない。

中レベルの相手に、その上のレベルのアイデアを出しても、相手は意味がわからないのでハッピーにはなれません。

中レベルに合わせてアイデアを出す方が、自分も相手もハッピーでいられます。

「でも、こっちの方がいいと思いますよ」と言うのは、ただの自己満足です。

相手がハッピーになるように、相手が一番評価できるレベルのアイデアをプレゼントすることが大切です。

「AよりBの方がいいんですよ」と、わかってもらえないアイデアを出しても、相手はしんどいだけです。

それは勝手なムリ強いです。

「ああ、そうか。これは理解できなかったか」という気持ちでいると、簡単に下げられます。

その時は「さすがお目が高い」と言って下がります。

「さすがお目が高い。やっぱりこれぐらいのオーソドックスなことをかっちりやっていかないと」と言えるようになると、時間は速くなります。

オーソドックスなアイデアが好きな安全第一の人には、とんがったものはムリです。

私はこれを師匠から教わりました。

安全第一の人には安全第一のものをプレゼントして、とんがった企画は、とんがったものがわかる人のところに持っていけばいいのです。

◉仕事が速くなるために

45

相手のレベルに、合わせよう。

46 ヒマだと、好きなものに、出会えない。

「忙しくて、好きなものになかなか出会えない」と言う人は、好きなものに対して失礼です。

好きなものは、忙しい中、時間を割いてしているのです。

しなければならないものを、とにかくバーッと片づけて、好きなものをする時間をつくります。

「今度、ヒマだったら会いましょう」と言われても、うれしくありません。

忙しい中、1時間しか会えないのにわざわざ遠くから来てくれる熱意の方がうれしいです。

「今日、することなかったからさ」と言う人とは会いたくありません。

◉仕事が速くなるために

46

忙しい中で、好きなものに、出会おう。

「仕事が忙しくて、好きなものに出会う時間がなかなかないんです」と言う人は、まだヒマなのです。

忙しさが足りません。

好きなものは、必ず忙しい時にやって来ます。

「よりにもよって、締切で追い詰められている時に、何でこんなお誘いがあるんだ」と、やって来るのが好きなものです。

仕事が忙しくても夜遅くまでゲームをする人は、ゲームが好きなのです。

好きなものと好きなものの決勝戦なので、それぞれのレベルは高くなります。

好きでないものと好きでないものの戦いは、一番情けないのです。

47

飲みに行かないのは、時間がもったいないからだ。

「中谷さんは、なんで飲みに行かないんですか」と聞かれます。
時間がもったいないからです。
飲みに行く時間があるなら、仕事や勉強をして自分の成長に生かしたいのです。
飲み屋に行っても、出会いはありません。
相手が酔っているからです。
一流は、人と会う時は飲みません。
酔っ払っていると、クリアな話が出てきません。
同じ話が何回も出てきます。
「一緒にぜひやりましょう」と手を握り合った話は、帰りのタクシーの中で忘れてしまうので、完全に時間がもったいないです。

飲みに行くと、「ああ、早く帰りたいな。この時間があったら、本が読める」「2時間あったら映画を見られるのに」と、時計の進みが遅くなるのです。

いい映画を1本見られる時間は、人生においては貴重です。

私の基準は、本1冊、映画1本です。

「本1冊、映画1本を上回るくらい、この人と一緒にいて楽しいか」と比較します。

その基準を超えないと、「何かつまらない」と感じるのです。

常にドキドキしていたいからです。

映画や本はドキドキします。

好きな人といる時間でも同じ考え方です。

好きな人だからドキドキするとは限りません。

相手の話がつまらなければ、「好きだけどつまらない」とガッカリします。

映画や本は、当たりもあればハズレもあります。

それでも、映画は何十億円もかけてつくっている凄さがあります。

仕方なく飲みに行かなければならない時は、「この状況を使って1冊書こう」と思います。

「もしこのお店を任されたら、ここで働く150人の女性を活性化するために、誰をキャプテンにして、こういう営業方針で改善しよう」と、池井戸潤さん的な解決策を考えるのです。

お店の女性たちから話を聞いて「なるほど。面白いな」と、取材する状況に変えます。

常にその時間をどう有効活用するか考えることで、スピードが速くなるのです。

◉仕事が速くなるために

47

時間のケチになろう。

単語で話す人は、遅くなる。

会話にはその人の特徴が出ます。
単語で話す人は遅くなります。
単語は名詞です。
名詞で終わると、その後の動詞がないのでスピードがとまります。
子どもが「先生、おしっこ」と言っているのと同じです。
速い人は、必ず動詞で終わります。
動詞は動いています。
外国人の話が速いのは、動詞で話しているからです。
日本人は、名詞で話しがちです。

48

英語も名詞から覚えようとします。
動詞を使って文章で話す人はテンポが速くなるのです。
たとえば、友達に「何したい？」と聞くと、「映画」と言われました。
それでは映画をどうしたいのかがわかりません。
映画をどうしたいと言うと、脳がまわるようになります。
単語だけでは、映画をどうしたいという指示は出ません。
指示を脳に出させるためには、動詞を入れて、文章を最後まで言う必要があるのです。
モテないタイプの人は、みんな単語で言います。
ストーカーは、後をついてきて、「映画」と単語で言います。
不気味で怖いです。
シロウトの書く文章は、ブログでも、ポエム的に単語で終わっているものが多いです。
それでは思考がとまります。

◉仕事が速くなるために

48

文章で話そう。

文章は最後まで完結させることで、次の思考がまわり始めるのです。
単語で「映画」と言うと、「ちょっと忙しいので」と断られる可能性があります。
仕事が速い人は、「映画をあなたと一緒に見に行きたいです」と、文章で話すのです。

49

「ずっと、お会いしたかったんです」で、チャンスをなくす。

会った時に、「ずっとお会いしたかったんです」と言う人がいました。

一方で、「今朝、たまたま見つけたんですよ。中谷塾なんてやってるんですね。来ちゃいました」と言う人は覚えます。

このスピードの違いです。

「ずっと前から来たかったんですけど」と言うなら、すぐ動けばいいのです。

「緊張して来れませんでした」と言われても、言われた側はうれしくないのです。

うれしいのは、緊張を乗り越えて来てくれることです。

ある企業の経営者が、私の講演を聞きに来ました。

講演の後に名刺交換に来て、「中谷さんって何してる人ですか」と言うのです。

その人は、よっぽど感動したのです。

「作家です」と言うと、「作家？　作家の人があんなに話ができるんだ」と、ビックリしていました。

その会場で、ちょうど私の本を売っていたので、その人は本を買って戻ってきて、「サインしてください」と言うのです。

今まで私のことを知らなかったのに、この人の中で何かがスパークしたのです。

「ずっとやりたいと思っていたんですけど」とか「タイミングが合わなくて」と言う人がいます。

そんなに大変なことなのかなと思います。

そんなことでグダグダしている時間が、もったいないのです。

◉仕事が速くなるために

49

「今朝見つけて来ました」と言おう。

50 悪い習慣とは、時間を奪う習慣だ。

スマホや動画にどっぷりハマるのがよくない理由は単純です。

時間を奪うからです。

時間が過ぎていることがわからなくなるのです。

麻薬も同じです。

麻薬は、時間感覚が麻痺するので、100メートルの距離を8時間かけて歩けるようになります。

それだけの時間が奪われていることに気づけないのです。

普通、100メートルの距離を8時間もかけて歩くことは退屈でできません。

麻薬を使ったことのある人が、「100メートルの道が8時間かかるんだよ。それが平気なんだよな」と言っていました。

その８時間をどう過ごしたか覚えていないので、もはや楽しいという感覚もありません。


時間を奪われる習慣は最もマイナスです。


本人の中では、惰性で続けて、なんとなく楽しい気がします。

本当に楽しくて、あっという間に時間がたつことは、思い出すと厚みがあるのです。

恋人と一緒にいた時間は、あっという間にたちます。

思い出すと、凄く遠い昔のように感じるのです。

時間を奪われる楽しい瞬間は、思い出そうとしても、「あれ、何をやった？」と何も残っていません。

その時間が飛んでいるのです。

思い出した時に、思い出がどれだけたくさん詰まっているかが、その時間の濃さになります。

時間を増やしても、薄い時間になると増えた意味がありません。

人生においては、スピードを速くするだけでなく、時間を濃くすることです。
「遅くなる」という中毒症状を抜け出すことが大切なのです。

●仕事が速くなるために

50

時間を奪う習慣を、なくそう。

第 5 章

速い人に時間は集まる。

51

速い人に、時間が集まる。

お金は、お金がある人のところに集まります。

モテる人は、ますますモテるようになります。

チャンスが多い人のところに、チャンスは集まります。

これは大原則です。

お金もチャンスも人も、多く持っている人は、それを生かしてくれます。

時間も同じです。

時間は、時間を生かしてくれる人、時間を速く使ってくれる人のところへ集まるのです。

「時間がない」と言っている人は、時間を生かしていません。

メニューひとつ決める時も遅いのです。

そういう人のところに、時間は寄っていきません。

だから、ますます時間がなくなるのです。

「すべての人に１日24時間ある」と言いますが、実際は違います。

速い人は、24時間が48時間にも72時間にもなります。

「24時間ある」と思って時間をムダに使っている人からは、時間がどんどん離れていくのです。

◉仕事が速くなるために

51

グズグズ言う前に、やろう。

52

仕事が多いのではない。仕事が遅いだけだ。

「仕事が多すぎる。それでなくても手いっぱいで、人手が少ない。残業もいっぱい。なのに、上司はさらに仕事をのせてくる。どうしたらいいんでしょう」という悩み相談は多いです。

これは、仕事が遅いのが原因です。
仕事が多いからではありません。

この悩み相談は、放っておけば解決します。
「こいつ、遅いな」と思われると、やがて頼まれなくなるからです。
そのまま「仕事が多い、多い」と、文句を言っていればいいのです。
「こいつに頼んでも、『急ぎですか』と文句ばかり言って、イヤそうだし、もう頼まない」となると、仕事が自動的に減ります。

その人は、仕事が減っても多いと感じます。

自分の仕事のスピードを上げていないからです。

減ったなりにしんどいと思うのです。

「仕事が減る↓しんどい」という状態を続けていると、最後は仕事がなくなります。

そういう人生で幸せを感じるかどうかです。

仕事が多い時に、自分の仕事のスピードを上げていくと、今度は自分が仕事を選べるようになります。

みんなが「あの人は仕事が速いから頼みたい」となると、いつの間にか自分が選べる側にまわるのです。

仕事を減らされると、選べる側にまわれません。

仕事が多くても、周りのせいにしたり、文句を言わないことです。

仕事が速くなればなるほど、自分が主体の側にまわれます。

あるところで主客が逆転するのです。

そのためには、「仕事が多い、多い」と文句を言うのではなく、仕事をさばく自分のスピードを上げればいいのです。

「自分のスピードが上がると、さらに仕事が増えてきりがないのでは？」と聞く人がいます。

その心配は無用です。

仕事が速いと、たくさんの量をこなしていくうちにクオリティーが上がります。

その結果、「この人じゃないとダメだ」となるので、つまらない仕事を頼まれなくなります。

仕事が速い人には、「遅れられないのでお願いします」と、大切な仕事がまわってきます。

これが正のスパイラルです。

この流れが信じられるかどうかです。

この成功体験で「速くしていたら、最近来る仕事のクオリティーが上がってきた」と味をしめると、「よし、もっと速くしよう」となります。

この成功体験まで踏ん張りきれなかった人は、「このままいくと一生、仕事の量が増えて終わりだな」と考えます。

仕事には必ず先輩がいます。

おいしい仕事は全部先輩に行きます。

先輩は体調不良で倒れることがあります。

その時、「これ、やってくれないかな」というチャンスが後輩にまわってきます。

イヤな上司がいても、左遷されると、急ぎの仕事が部下にまわってきます。

たとえば、仕事の速いAさんと仕事の遅いBさんがいます。

おいしい仕事は全部、上の人にまわって、AさんとBさんはめんどくさい仕事ばかりしています。

やがて上の人が持ちこたえられなくなって体を壊し、仕事をこぼし始めた時、仕事が速いAさんはチャンスをつかみます。

仕事が遅いBさんは、そのチャンスを逃します。

「だって、おまえ、ほかの仕事、まだ残してるじゃない」「あいつに頼むと締切を守れない」という評判が一番痛いのです。

「締切を守る」という評判は、いい仕事も、それほどよくない仕事も両方運んで来ます。

「あの人は締切を守らないんだよね」という評判の人には、いい仕事はまわってこないのです。

52

仕事を速くしよう。

53

変化を恐れることで、時間を失う。

変化を恐れる人は、時間を敵にします。

変化は時間の中にあるので、時間をとめようとするのです。

「今までこうしていたけど、こうしよう」という変更が嫌いな人は、「エッ、急に言われても」と、臨機応変な対応ができなくなります。

「だって、こっちの方がいいと思ったからこうでしょう」「お客様の都合があるし、こうでしょう」と、どんな突発的なことがあっても変更しません。

よりいいものを見つけたら、常に変化することが大切です。

仕事が速い人は、限られた時間の中で「じゃ、それに切り換えよう」と変更できます。

旅行でも、変更は楽しいことです。

変化することで、仕事のクオリティーも上がるのです。

ＣＭ撮影をする時、台本の絵コンテどおりに撮るのは簡単です。

ただし、普通の作品になります。

頭の中で想像したものにすぎないからです。

現場は、いろいろなプロが集まっています。

現場で「こっちの方が面白いな」という発見があると、それにどんどん切りかえます。

台本どおりはテイク１で撮ります。

テイク２からは、もっと面白くできる方法を考えます。

得意先には、面白くできたものと台本どおりのもの、どちらも見てもらって、「こっちの方が面白いでしょう」と提案するのがＣＭのつくり方です。

変化を恐れると、事前を超えられないので、誰がつくっても同じになります。

楽しいのは、実際に転がりながら、事前の想定よりもっと面白いものに乗り換える

ことです。

変化を嫌う人は、「〇〇を食べに行こう」とレストランに行くと、たとえその日に特別なメニューがあっても、「今日は〇〇を食べに来る予定だったから、特別なメニューは頼まない」と言います。

レストランに向かう途中で新しいお店を発見して「面白いから、ここに入ってみようか」と言われても、「いや、予定どおりのレストランに行く」と言います。

柔軟に対応できないことが、スピードをより一層遅くするのです。

◉仕事が速くなるために

53

乗り換えを恐れない。

54

決められない人は、次から誘ってもらえない。

幹事がオーダーをまとめる時に困るのは、「生ビールの人、ウーロン茶の人」と聞いても、なかなか決められない人がいることです。

この人は、次からはずされます。

1人で行くなら永遠に悩んでいていいのです。

10人で動いているのに、なぜ一生の問題を考えるほどの時間を使うのかということです。

せっかくみんなで話ができる機会が台無しです。

そういう人は、結局、「やっぱりウーロン茶でいいです」と言います。

こういうオーダーの遅い人に限って、自分が何を頼んだか覚えていません。

ウーロン茶を頼んだのに、生ビールを飲んでいるのです。

当然、生ビールが足りなくなります。

仕事が速い人は、誰かが「僕、ウーロン茶」と言った時に、「私も」と、スッと入ってきます。

仕事の遅い人は、オーダーの時に、「○○さんは何にします？」と、いちいち人に聞きます。

これは一番してはいけないことです。

人に聞いている時間があったら、自分が言えばいいのです。

こういう人は周りに気を遣っているようで、結局は自発ではなく、受け身です。

自分の食べたいものを自分で決められないということなのです。

●仕事が速くなるために

54

お店の人に協力しよう。

55

遅れる怖さは、損していることに気づかないことだ。

遅刻を繰り返すと、「あの人はいつも遅れてくるけど、遅れていることに気づかないよね」と、信用を落とします。

船に乗る会は、遅れて船に乗れなかった人がいると、みんなでその人に気を遣って楽しくなくなります。

映画も、ギリギリに来る人がいると予告編が見られません。

遅れる人はいつも同じです。

そうすると、やがて呼ばれなくなります。

呼ばれない会があっても、本人は気づきません。

それは多大な損失です。

遅刻しているせいで次から呼ばれない可能性があるということに、自分のセンスで気づく必要があります。

毎回自分が来たら「さあ、行きましょうか」となっていることに気づけるかどうかです。

子どもの時は、親や先生から「もっと早く来なさい」と注意されます。

社会人になると、誰からも遅刻を注意されません。

その代わり、次からは呼ばれない存在になるのです。

◉仕事が速くなるために

55

遅れてしている損に気づこう。

56
相手を待つことで、その人を遅くさせる。

いつも遅れて来る人は、待たないことです。

「待ってくれる」と思うと、その人は受け身になります。

待っている人間が、遅れる人をダメにするのです。

豪華客船は定時に出発します。

遅れる人は自己責任です。

「○○さん、いませんか」なんて言いません。

定時になったら、その人が見えていても、そのままスーッと出るのです。

日本の電車は、出発のベルがジリジリジリと鳴って、「間もなく出発します」というアナウンスがあります。

これがいけないのです。

外国では、そんなことはひとつも言わないで、勝手に出ていきます。

海外旅行に行くと、ビックリします。

「ぼちぼち時間だけど何も言わないな」と思っていたら、いきなり出発するのです。

日本の新幹線は優しいです。

「間もなく発車しますので、お見送りの方は安全柵の内側までお下がりください」と言ってくれます。

日本と外国では、旅行者の緊張度が全然違うのです。

相手をおもんぱかって優しくすることで、その人をどんどん遅い人にしてしまいます。

それがチーム全体が遅くなる原因です。

外国の大学の授業は、先生が生徒より先に来ています。

日本でも、進学校は、授業が始まる前に先生が教室の前の廊下で待機しています。

消防大学校の授業は、みんな早めに教室に入っています。

私は1時からの授業を1時5分前ぐらいから始めます。
すでにみんな座っているので、始めないと時間がもったいないのです。
みんな忙しい人たちばかりです。
少しでも早く終わって、早く晩ごはんを食べられるようにしています。

●仕事が速くなるために

56

遅れる人は、置いていく優しさを持とう。

57

撮影タイムには、「集まってください」より「ハイ、チーズ」。

集合写真をとる時に、
①すぐに人が集まる
②ダラダラして、なかなか集まらない
という2通りの場合があります。

その差が大きいのです。

主催者が「皆さん早く集まってください」と言うと、永遠に時間がかかります。

「早く集まってください」と言うと、「集まっていない人が大勢いるんだな。まだ行かなくていいな」という油断が起こるのです。

右肩上がりのチームは、さっと集まります。

57

待つより、始める。

ダラダラしている集団は、右肩上がりになれないチームです。

ダラダラしている人がいるときは、「ハイ、チーズ」と言うと、「あっ、もうとるんだ」と思って、急いで来ます。

セミナーで休憩をはさむ場合は、大体の人が開始時間に席に戻っていません。

ここで主催者が「まだトイレに行っている方もいらっしゃいますので、そろってから始めましょう」と言うと、なかなか戻ってこないのです。

そういう時は、始めてしまうことです。

始めると戻ってきます。

言葉ひとつで、そこに集まる人が右肩上がりになるか、右肩下がりになるのかが分かれるのです。

58

ムリを聞いてもらえるかどうかは、支払いが早いかどうかで決まる。

豪華客船は「オール・インクルーデット」といって、船内の飲食はすべて料金に含まれています。

レジャーで一番楽しくないのは、お金を気にすることです。

「デッキチェアが１５００円？　もったいないから2人で1個使おうよ」

「氷が５００円？　こんなもの普通タダなんだけど」

そんなことを考えていると、急に現実に戻されて、リゾート感はなくなります。

お金を先に払っておけば、お金のことを忘れられます。

後払いにすると、「○○日には払わなくてはいけない」いう気持ちになって、楽しくなくなるのです。

仕事が速い人は、お金を払うスピードも速いのです。

お金を払うスピードの速い人は愛されます。

請求書を出したらすぐ入金してくれる人は、少々ムリな頼みも聞いてあげたくなります。

「支払いは少しでも後回しにした方がいい」という感覚の人のムリな頼みは聞けないのです。

ムリを聞いてもらえるかどうかの分かれ目は、支払いが早いか遅いかです。

キャッシュがなくなることは、それぐらい痛いことです。

これはサラリーマンにはわからない感覚です。

上場企業は会社にお金がたくさんあるので、支払いが多少遅くなってもなんとかなります。

個人営業をしている人にとっては、すぐ払ってくれるかどうかは死活問題です。

レストランの予約をキャンセルする時は、連絡を早く入れると、お店の人は助かります。

7時の予約で6時半にキャンセルしたら、その分の売上げはパアです。
食べてはいませんが、その席はもう売れないし、すでに別のお客様を断っています。
そういうことがわかることが大切なのです。

◉仕事が速くなるために

58

支払いのスピードを上げよう。

59

お金は速く回転させることで、利子は安くなる。

たとえば、1カ月3%の利子で100万円を借りました。

この100万円を1カ月で使うと、利子は3%です。

2カ月かけて使うと、利子は6%です。

1カ月の倍のスピードで使うと、利子は1・5%です。

これがお金を生かしたということです。

これは経営者の考え方です。

雇われている側のサラリーマンは、借りたお金は少しずつ使った方が得だと思っています。

利子の発想がないからです。

倍の時間をかけて使うのは、利子が倍になるのと同じです。
生かしていないので、その利子はムダになります。
勝つためには、借りた期間よりも速く回転させることです。
これがお金の感覚です。
これにピンと来る人と来ない人がいます。
「早く返したら損じゃないですか」と言う人は、もとのお金のことだけ見ています。
借りているのは、あくまで利子です。
雇う側と雇われる側とで、発想がまったく違うのです。

◉仕事が速くなるために

59

利子で時間を買おう。

60

タクシーの運転手さんは、笑顔のお客さんを選んでいる。

遅れた時に、「タクシーがなかなかつかまらなくて」と言う人は多いです。

タクシーがつかまらない原因は、お客様が多いからではありません。

その人がイライラした顔で待っているからです。

タクシーの運転手さんはプロなので、お客様を先に見つけています。

お客様がタクシーを見る回数より、タクシーの運転手さんがお客様を見る回数の方が何倍も多いからです。

タクシーの運転手さんは、ニコニコしている人を乗せたいのです。

川上から突然来た人が先に乗ったり、暑い日や寒い日があったり、急いでイライラしているという状況では、笑顔のお客様はほとんどいません。

◉仕事が速くなるために

60

タクシーを笑顔で待とう。

イライラしているお客様を見つけると、「空車」を「回送」に変えます。

「空車なのになんで気づかないんだ。中央車線を走ってたら、お客様はつかまえられないぞ」と文句を言う人は、よけられたのです。

いつもタクシーを笑顔で待つ人は、タクシーに早く乗れるようになります。

どんなに雨の日でも、一番つかまらない時間帯でも乗れます。

イライラしているお客様は、この実態に気づいていないのです。

「今日はタクシーがなかなかつかまらない」と、文句を言うのは間違いです。

タクシーがつかまらないのは、ムッとした表情をしている自分に原因があるのです。

61

マナーで、スピードは速くなる。「よそで断られた」のは、態度がイライラしていたからだ。

ブランド時計の修理屋さんは、マナーがあることでスピードが速くなると言います。

たとえば、「すみません、この時計、よそで断られたんですけど」と、横柄な人が来ました。

その時、「これですか。難しいですね」と言うのは、必ずしも時計で判断したことではありません。

「時計が直らない」ではなく、「あなたの時計は直したくない」と言っているのです。

よそで断られて来たお客様は、ますますイライラします。

「保証書がついていて高いのに、なんで直らないんだ。責任者と代われ」と言う人は、後回しにされ、出禁扱いになります。

◉仕事が速くなるために

61

ニコニコ頼もう。

時計ではなく、自分のマナーの悪さが原因であることに本人は気づきません。

お客様は時計を直せなくても、マナーは直せます。

常に損をしないように、丁寧に、マナーよくニコニコ頼むことです。

「よそで断られた」は、すでによその悪口を言っています。

本来は言わない方がいいのです。

「よそで断られた私」というお墨つきを出しているようなものだからです。

「よそで断られているのか。この人、何か問題があるんだな」と思われたら、自分が損をするだけなのです。

62

成長とは、アップデートのスピードを上げることだ。

今どき、古くさいケータイやパソコンを使っている人は、心配になります。

これだけネット環境がどんどん進化していく中において、1世代前、2世代前のモノの使いにくさは、誰しもわかります。

人間も、同じようにアップデートすればいいのです。

アップデートのスピードはどんどん上がっているので、自分のアップデートのスピードも上げる必要があります。

一流は、アップデートのスピードが圧倒的に速いです。

二流は、アップデートのスピードが遅いです。

医学の世界では、過去の国家試験の答案どおりでは、今は使い物になりません。

◉仕事が速くなるために

62

アップデートのスピードを、上げよう。

医学の世界は、毎日新しい論文や研究データが出ています。

昔の国家試験の答案とは真逆のことをするぐらい、医学はどんどん進歩しています。

10年前の知識しかない人は、１００年前の知識と同じぐらい古くさいことをしています。

ビジネスマンの世界も同じです。

毎日０・１％でもアップデートしている人は進化します。

現状維持はありえないからです。

昨日と同じということは、劣化し続けているのです。

おわりに

63 イレギュラー・バウンドが見せ場になる。

野球の内野手の一番の見せ場はイレギュラー・バウンドです。

ボールがヘンな方向に飛んだ時に、パーンとそれをとってアウトにする場面です。

真正面に来たボールでアウトにしても、それはピッチャーの手柄になります。

イレギュラー・バウンドして、ボールが右へ行っても左へ行っても、ギリギリいっぱいアウトにするというところが、私は好きなのです。


仕事はとにかくイレギュラー・バウンドします。

まっとうに転がらないのです。

日々起こるトラブルは、イレギュラー・バウンドです。


ボールが別の方へ転がるのはトラブルでもないし、アクシデントでもありません。

単に、レギュラー・バウンドとイレギュラー・バウンドがあるだけです。

イレギュラー・バウンドは見せ場なので、いくらでもとる覚悟でいればいいのです。

ノックで練習する時は、ボールを真正面には打ってくれません。

テニスや卓球の試合も、相手側はとにかく拾いにくいところへ打ってきます。

それをとっていくところにみんなの拍手が行くわけです。

これは仕事も同じです。

時には、自分のミスで相手に迷惑をかけることもあります。

それは、悪意がなければ問題になりません。

ふだん、自分がイレギュラー・バウンドをとっていれば、相手に対して「すみません、イレギュラー・バウンドしちゃいました」ということがあっても大丈夫です。

相手の見せ場になるわけだから、気を遣うのはプロの相手に失礼です。


ヒット作は、イレギュラー・バウンドから出ます。

事前の計画どおりに進んでも、ヒット作は出ません。

イレギュラー・バウンドは、新しいクリエイティビティーを生み出す神の手です。

イレギュラー・バウンドが来たら、何かいいことが起こる可能性があります。

自分の頭で考えるよりいいものを生み出すために、神様がそこでバウンドをイレギュラーさせてくれたのです。

ここから先は神様を信じられるかどうかの分かれ目です。

神様を信じられないと、イレギュラー・バウンドに文句を言います。

私は「お参りに行っていてよかった。おかげでイレギュラー・バウンドが来たよ」と考えて、新しいものを生み出します。

イレギュラー・バウンドが最終的にはよりいいものをつくり出していくという成功体験がある人は、「イレギュラー・バウンド来い。とるところを見せてやる」と、楽しめるようになります。

長嶋監督や落合博満さんは、わざと遅れて凄いファインプレーに見せます。

見せ場のファインプレーをしたいのです。

タイガー・ウッズも、池ポチャからのミラクルショットで「さすが、タイガー」と言われるのです。

普通に行って勝っても、「運がよかったよね」と言われるだけです。

不運が起こることは、本当にその人がヒーローになれる絶好のチャンスなのです。

◉仕事が速くなるために

63

イレギュラー・バウンドを楽しもう。

【大和出版】

『自己演出力』
『一流の準備力』

【海竜社】

『昨日より強い自分を引き出す61の方法』
『一流のストレス』

【リンデン舎】

『状況は、自分が思うほど悪くない。』
『速いミスは、許される。』

【文芸社】

文庫『全力で、1ミリ進もう。』
文庫『贅沢なキスをしよう。』

【総合法令出版】

『「気がきくね」と言われる人のシンプルな法則』
『伝説のホストに学ぶ82の成功法則』

【サンクチュアリ出版】

『転職先はわたしの会社』
『壁に当たるのは気モチイイ 人生もエッチも』

【青春出版社】

『いくつになっても「求められる人」の小さな習慣』

【WAVE出版】

『リアクションを制する者が20代を制する。』

【ユサブル】

『1秒で刺さる書き方』

【河出書房新社】

『成功する人は、教わり方が違う。』

【二見書房】

文庫『「お金持ち」の時間術』

【ミライカナイブックス】

『名前を聞く前に、キスをしよう。』

【イースト・プレス】

文庫『なぜかモテる人がしている42のこと』

【第三文明社】

『仕事は、最高に楽しい。』

【日本経済新聞出版社】

『会社で自由に生きる法』

【講談社】

文庫『なぜ あの人は強いのか』

【アクセス・パブリッシング】

『大人になってからもう一度受けたい コミュニケーションの授業』

【阪急コミュニケーションズ】

『サクセス＆ハッピーになる50の方法』

【きこ書房】

『大人の教科書』

【ぱる出版】

『粋な人、野暮な人。』
『品のある稼ぎ方・使い方』
『察する人、間の悪い人。』
『選ばれる人、選ばれない人。』
『一流のウソは、人を幸せにする。』
『なぜ、あの人は「本番」に強いのか』
『セクシーな男、男前な女。』
『運のある人、運のない人』
『器の大きい人、器の小さい人』
『品のある人、品のない人』

【学研プラス】

『読む本で、人生が変わる。』
『なぜあの人は感じがいいのか。』
『頑張らない人は、うまくいく。』
文庫『見た目を磨く人は、うまくいく。』
『セクシーな人は、うまくいく。』
文庫『片づけられる人は、うまくいく。』
『美人力』(ハンディ版)
文庫『怒らない人は、うまくいく。』
文庫『すぐやる人は、うまくいく。』

【ファーストプレス】

『「超一流」の会話術』
『「超一流」の分析力』
『「超一流」の構想術』
『「超一流」の整理術』
『「超一流」の時間術』
『「超一流」の行動術』
『「超一流」の勉強法』
『「超一流」の仕事術』

【水王舎】

『なぜあの人は「美意識」があるのか。』
『なぜあの人は「教養」があるのか。』
『結果を出す人の話し方』
『「人脈」を「お金」にかえる勉強』
『「学び」を「お金」にかえる勉強』

【あさ出版】

『孤独が人生を豊かにする』
『気まずくならない雑談力』
『「いつまでもクヨクヨしたくない」とき読む本』
『「イライラしてるな」と思ったとき読む本』
『なぜあの人は会話がつづくのか』

【日本実業出版社】

『出会いに恵まれる女性がしている63のこと』
『凛とした女性がしている63のこと』
『一流の人が言わない50のこと』
『一流の男 一流の風格』

【すばる舎リンケージ】

『好かれる人が無意識にしている文章の書き方』
『好かれる人が無意識にしている言葉の選び方』
『好かれる人が無意識にしている気の使い方』

【現代書林】

『チャンスは「ムダなこと」から生まれる。』
『お金の不安がなくなる60の方法』
『なぜあの人には「大人の色気」があるのか』

【毎日新聞出版】

『あなたのまわりに「いいこと」が起きる70の言葉』
『なぜあの人は心が折れないのか』
『一流のナンバー２』

【ぜんにち出版】

『リーダーの条件』
『モテるオヤジの作法２』
『かわいげのある女』

【DHC】

ポストカード『会う人みんな神さま』
書画集『会う人みんな神さま』
『あと「ひとこと」の英会話』

『20代でしなければならない50のこと』
『なぜあの人はプレッシャーに強いのか』
『大学時代しなければならない50のこと』
『あなたに起こることはすべて正しい』

【きずな出版】

『生きる誘惑』
『しがみつかない大人になる63の方法』
『「理不尽」が多い人ほど、強くなる。』
『グズグズしない人の61の習慣』
『イライラしない人の63の習慣』
『悩まない人の63の習慣』
『いい女は「涙を背に流し、微笑みを抱く男」とつきあう。』
『ファーストクラスに乗る人の自己投資』
『いい女は「紳士」とつきあう。』
『ファーストクラスに乗る人の発想』
『いい女は「言いなりになりたい男」とつきあう。』
『ファーストクラスに乗る人の人間関係』
『いい女は「変身させてくれる男」とつきあう。』
『ファーストクラスに乗る人の人脈』
『ファーストクラスに乗る人のお金２』
『ファーストクラスに乗る人の仕事』
『ファーストクラスに乗る人の教育』
『ファーストクラスに乗る人の勉強』
『ファーストクラスに乗る人のお金』
『ファーストクラスに乗る人のノート』
『ギリギリセーーフ』

【PHP研究所】

『定年前に生まれ変わろう』
『なぜあの人は、しなやかで強いのか』
『メンタルが強くなる60のルーティン』
『なぜランチタイムに本を読む人は、成功するのか。』
『中学時代にガンバれる40の言葉』
『中学時代がハッピーになる30のこと』
『もう一度会いたくなる人の聞く力』
『14歳からの人生哲学』
『受験生すぐにできる50のこと』
『高校受験すぐにできる40のこと』
『ほんのささいなことに、恋の幸せがある。』
『高校時代にしておく50のこと』
文庫『お金持ちは、お札の向きがそろっている。』
『仕事の極め方』
『中学時代にしておく50のこと』
文庫『たった３分で愛される人になる』
『【図解】「できる人」のスピード整理術』
『【図解】「できる人」の時間活用ノート』
文庫『自分で考える人が成功する』
文庫『入社３年目までに勝負がつく77の法則』

【大和書房】

文庫『今日から「印象美人」』
文庫『いい女のしぐさ』
文庫『美人は、片づけから。』
文庫『いい女の話し方』
文庫『「つらいな」と思ったとき読む本』
文庫『27歳からのいい女養成講座』
文庫『なぜか「HAPPY」な女性の習慣』
文庫『なぜか「美人」に見える女性の習慣』
文庫『いい女の教科書』
文庫『いい女恋愛塾』
文庫『「女を楽しませる」ことが男の最高の仕事。』
文庫『いい女練習帳』
文庫『男は女で修行する。』

【リベラル社】

『１分で伝える力』
『「また会いたい」と思われる人「二度目はない」と思われる人』
『モチベーションの強化書』
『50代がもっともっと楽しくなる方法』
『40代がもっと楽しくなる方法』
『30代が楽しくなる方法』
『チャンスをつかむ 超会話術』
『自分を変える 超時間術』
『問題解決のコツ』
『リーダーの技術』
『一流の話し方』
『一流のお金の生み出し方』
『一流の思考の作り方』

中谷彰宏　主な著作一覧

【ダイヤモンド社】

『60代でしなければならない50のこと』
『面接の達人 バイブル版』
『なぜあの人は感情的にならないのか』
『50代でしなければならない55のこと』
『なぜあの人の話は楽しいのか』
『なぜあの人はすぐやるのか』
『なぜあの人は逆境に強いのか』
『なぜあの人の話に納得してしまうのか[新版]』
『なぜあの人は勉強が続くのか』
『なぜあの人は仕事ができるのか』
『25歳までにしなければならない59のこと』
『なぜあの人は整理がうまいのか』
『なぜあの人はいつもやる気があるのか』
『なぜあのリーダーに人はついていくのか』
『大人のマナー』
『プラス1％の企画力』
『なぜあの人は人前で話すのがうまいのか』
『あなたが「あなた」を超えるとき』
『中谷彰宏金言集』
『こんな上司に叱られたい。』
『フォローの達人』
『「キレない力」を作る50の方法』
『女性に尊敬されるリーダーが、成功する。』
『30代で出会わなければならない50人』
『20代で出会わなければならない50人』
『就活時代しなければならない50のこと』
『あせらず、止まらず、退かず。』
『お客様を育てるサービス』
『あの人の下なら、「やる気」が出る。』
『なくてはならない人になる』
『人のために何ができるか』
『キャパのある人が、成功する。』
『時間をプレゼントする人が、成功する。』
『明日がワクワクする50の方法』
『ターニングポイントに立つ君に』
『空気を読める人が、成功する。』
『整理力を高める50の方法』
『迷いを断ち切る50の方法』
『なぜあの人は10歳若く見えるのか』
『初対面で好かれる60の話し方』
『成功体質になる50の方法』
『運が開ける接客術』
『運のいい人に好かれる50の方法』
『本番力を高める57の方法』
『運が開ける勉強法』
『バランス力のある人が、成功する。』
『ラスト３分に強くなる50の方法』
『逆転力を高める50の方法』
『最初の３年その他大勢から抜け出す50の方法』
『ドタン場に強くなる50の方法』
『アイデアが止まらなくなる50の方法』
『思い出した夢は、実現する。』
『メンタル力で逆転する50の方法』
『自分力を高めるヒント』
『なぜあの人はストレスに強いのか』
『面白くなければカッコよくない』
『たった一言で生まれ変わる』
『スピード自己実現』
『スピード開運術』
『スピード問題解決』
『スピード危機管理』
『一流の勉強術』
『スピード意識改革』
『お客様のファンになろう』
『20代自分らしく生きる45の方法』
『なぜあの人は問題解決がうまいのか』
『しびれるサービス』
『大人のスピード説得術』
『お客様に学ぶサービス勉強法』
『スピード人脈術』
『スピードサービス』
『スピード成功の方程式』
『スピードリーダーシップ』
『出会いにひとつのムダもない』
『なぜあの人は気がきくのか』
『お客様にしなければならない50のこと』
『大人になる前にしなければならない50のこと』
『なぜあの人はお客さんに好かれるのか』
『会社で教えてくれない50のこと』
『なぜあの人は時間を創り出せるのか』
『なぜあの人は運が強いのか』

本の感想など、どんなことでも、
あなたからのお手紙をお待ちしています。
僕は、本気で読みます。

中谷彰宏

〒170-0013　東京都豊島区東池袋3-9-7　東池袋織本ビル1階
すばる舎リンケージ気付　中谷彰宏行

※食品、現金、切手などの同封は、ご遠慮ください（編集部）

中谷彰宏は、盲導犬育成事業に賛同し、この本の印税の
一部を（公財）日本盲導犬協会に寄付しています。

〈著者紹介〉

中谷彰宏（なかたに・あきひろ）

1959年、大阪府生まれ。早稲田大学第一文学部演劇科卒業。84年、博報堂に入社。CMプランナーとして、テレビ、ラジオCMの企画、演出をする。

91年、独立し、株式会社中谷彰宏事務所を設立。ビジネス書から恋愛エッセイ、小説まで、多岐にわたるジャンルで、数多くのロングセラー、ベストセラーを送り出す。「中谷塾」を主宰し、全国でセミナー・ワークショップ活動を展開。

［公式サイト］https://an-web.com/

仕事が速い人が無意識にしている工夫

先頭集団についていくための63の基本

2020年1月18日　第1刷発行

著　者——中谷彰宏

発行者——八谷智範

発行所——株式会社すばる舎リンケージ

〒170-0013　東京都豊島区東池袋3-9-7　東池袋織本ビル1階

TEL 03-6907-7827　FAX 03-6907-7877

URL http://www.subarusya-linkage.jp/

発売元——株式会社すばる舎

〒170-0013　東京都豊島区東池袋3-9-7　東池袋織本ビル

TEL 03-3981-8651（代表）

03-3981-0767（営業部直通）

振替 00140-7-116563

URL http://www.subarusya.jp/

印　刷——ベクトル印刷株式会社

ISBN978-4-7991-0862-8